escale à boston

Superficie 125 km² (ville de Boston)

Population 625 000 (ville de Boston), 4,5 millions (région métropolitaine)

Capitale du Massachusetts et métropole de la Nouvelle-Angleterre

Bâtiment le plus haut John Hancock Tower (241 m)

Fuseau horaire UTC –5

ULYSSE

Crédits

Recherche et rédaction : Annie Gilbert
Éditeur : Pierre Ledoux
Adjoints à l'édition : Julie Brodeur, Ambroise Gabriel
Recherche et rédaction antérieure, extraits du guide Ulysse Boston : Denis Faubert, Alexandra Gilbert, Jessica Hyman, François Rémillard
Correction : Pierre Daveluy
Conception graphique : Pascal Biet
Conception graphique de la page couverture : Philippe Thomas
Mise en page et cartographie : Judy Tan
Photographie de la page couverture : Façade extérieure du Simmons Hall - MIT © Alex Lockwood

Cet ouvrage a été réalisé sous la direction de Claude Morneau.

Remerciements

Merci à Stacy Ann Shreffler du Greater Boston Convention & Visitors Bureau, David Wood de la Massachusetts Bay Transportation Authority et Bruno Salléras pour leur aide.

Guides de voyage Ulysse reconnaît l'aide financière du gouvernement du Canada par l'entremise du Fonds du livre du Canada (FLC) pour ses activités d'édition.

Guides de voyage Ulysse tient également à remercier le gouvernement du Québec – Programme de crédit d'impôt pour l'édition de livres – Gestion SODEC.

Guides de voyage Ulysse est membre de l'Association nationale des éditeurs de livres.

Note aux lecteurs

Tous les moyens possibles ont été pris pour que les renseignements contenus dans ce guide soient exacts au moment de mettre sous presse. Toutefois, des erreurs peuvent toujours se glisser, des omissions sont toujours possibles, des adresses peuvent disparaître, etc.; la responsabilité de l'éditeur ou des auteurs ne pourrait s'engager en cas de perte ou de dommage qui serait causé par une erreur ou une omission.

Écrivez-nous

Nous apprécions au plus haut point vos commentaires, précisions et suggestions, qui permettent l'amélioration constante de nos publications. Il nous fera plaisir d'offrir un de nos guides aux auteurs des meilleures contributions. Écrivez-nous à l'une des adresses suivantes, et indiquez le titre qu'il vous plairait de recevoir.

Guides de voyage Ulysse
4176, rue Saint-Denis, Montréal (Québec), Canada H2W 2M5, www.guidesulysse.com, texte@ulysse.ca

Les Guides de voyage Ulysse, sarl
127, rue Amelot, 75011 Paris, France, www.guidesulysse.com, voyage@ulysse.ca

Catalogage avant publication de Bibliothèque et Archives nationales du Québec et Bibliothèque et Archives Canada

Vedette principale au titre :
Escale à Boston
(Escale Ulysse)
Comprend un index.
ISBN 978-2-89464-578-9
1. Boston (Mass.) - Guides.
F73.18.E72 2013 917.44'610444 C2012-942419-6

Bibliothèque et Archives nationales du Québec
Dépôt légal – Troisième trimestre 2013
ISBN 978-2-89464-578-9 (version imprimée)
ISBN 978-2-76580-300-3 (version numérique PDF)
Imprimé en Italie

le meilleur de boston

boston

En 12 images emblématiques

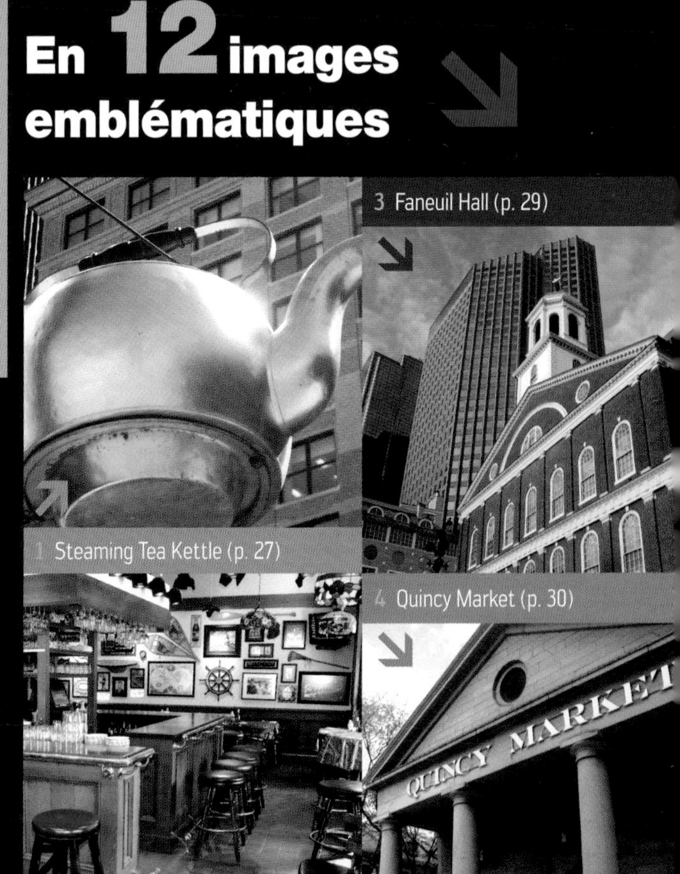

1 Steaming Tea Kettle (p. 27)

2 Cheers on Beacon Hill (p. 41)

3 Faneuil Hall (p. 29)

4 Quincy Market (p. 30)

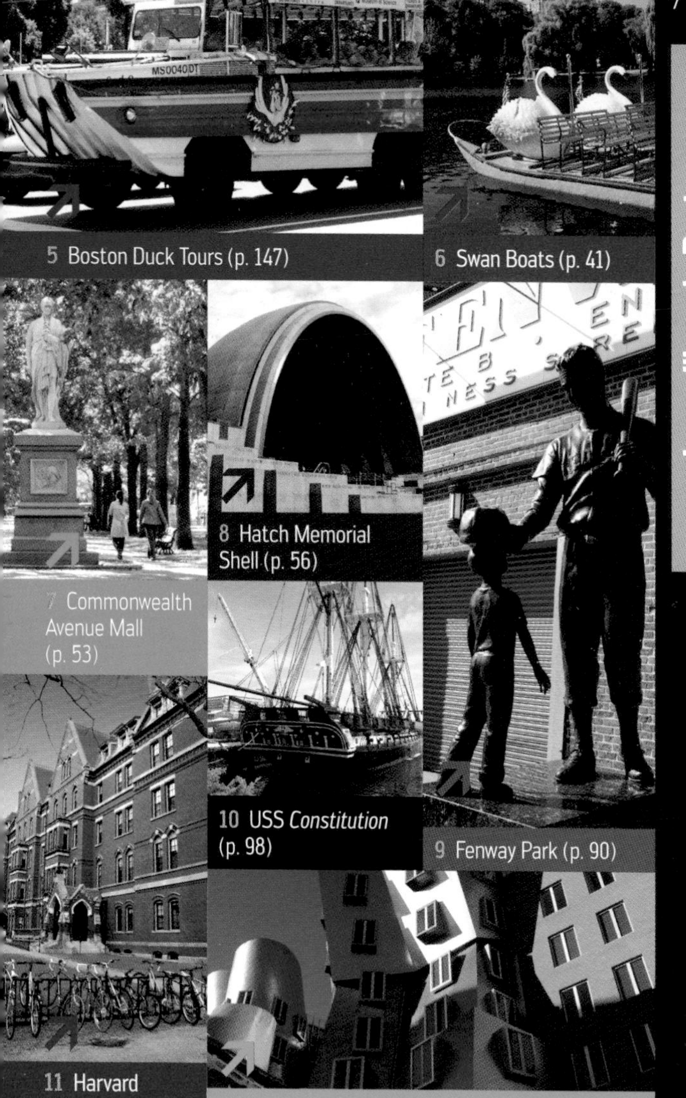

5 Boston Duck Tours (p. 147)

6 Swan Boats (p. 41)

7 Commonwealth Avenue Mall (p. 53)

8 Hatch Memorial Shell (p. 56)

9 Fenway Park (p. 90)

10 USS *Constitution* (p. 98)

11 Harvard University (p. 101)

12 Ray and Maria Stata Center (p. 109)

En quelques heures

↘ Une balade le long du Freedom Trail (p. 22, 26)
Pour revivre les grands moments de la Révolution américaine en visitant des attraits tels que l'Old South Meeting House et la Paul Revere House

↘ Une pause dans le Boston Common (p. 35)
Pour profiter des nombreuses aires ombragées de ce parc qui fait la fierté des Bostoniens

↘ La découverte du North End (p. 60)
Pour savourer l'ambiance particulière de la « Petite Italie » de Boston

En une journée

Ce qui précède plus...

↘ Une séance de lèche-vitrine le long de Newbury Street (p. 52)
Une pléthore de magasins et de boutiques sur huit quadrilatères

↘ Une montée jusqu'à l'observatoire du Skywalk (p. 86)
Une vue panoramique sur Boston et ses environs à partir du 50e étage du Prudential Center

En un week-end

Ce qui précède plus…

- L'exploration du Fenway Cultural District (p. 87, 90)
  Pour découvrir deux des plus importants musées de Boston : le Museum of Fine Arts et l'Isabella Stewart Gardner Museum

- Une promenade dans Cambridge (p. 101)
  Pour visiter le campus de la Harvard University, plus ancienne et plus prestigieuse institution de haut savoir des États-Unis

- Une balade dans le quartier de Beacon Hill (p. 35)
  Pour admirer les vieilles maisons de briques rouges de ce chic quartier résidentiel

En 10 repères

1 *Big Dig*

Le Central Artery/Tunnel Project, communément appelé le *Big Dig* (le grand creusement), a remplacé l'autoroute urbaine surélevée qui coupait en deux le vieux Boston. Réalisé entre 1991 et 2006, cet « enfouissement » de l'autoroute a permis de libérer 61 ha pour la création de parcs et de nouvelles places publiques.

2 *Boston baked beans*

Les « fèves au lard » à la bostonienne se composent de haricots secs qu'on fait lentement cuire au four avec du lard salé, de la mélasse et des oignons. Il s'agit d'un plat nourrissant que les Bostoniens affectionnent depuis les premiers temps de la colonie. De fait, ils aiment tellement les haricots qu'on surnomme volontiers la ville *Beantown*.

3 Boston Common

Du côté ouest de Tremont Street s'étire le Boston Common, qui fait partie du réseau de parcs de verdure qui entoure le centre de Boston. Ce réseau a été baptisé Emerald Necklace, par le fameux paysagiste américain Frederick Law Olmsted, qui fut responsable de l'aménagement des espaces verts de la capitale du Massachusetts à la fin du XIXe siècle. Ce grand parc, où se rassemblent les familles bostoniennes pendant les belles journées d'été et d'hiver, sert de pivot autour duquel gravitent les différents quartiers du centre de la ville.

4 Boston Cream Pie

Cette « tarte » est en réalité un gâteau composé d'une génoise tranchée en deux dans le sens de l'épaisseur et abondamment fourrée de crème pâtissière, le tout recouvert d'une mince couche de glaçage au chocolat. La recette aurait été imaginée par le chef cuisinier de la Parker House (aujourd'hui l'Omni Parker House) de Boston, un jour qu'il était à court de pâte à tarte.

5 *Boston Tea Party*

Cet épisode historique survenu le 16 décembre 1773, au cours duquel une soixantaine d'hommes prirent d'assaut les navires de l'East India Company ancrés au Boston Harbor et jetèrent par-dessus bord leurs cargaisons de thé en réaction à la taxe sur le thé imposée aux colonies par le Parlement britannique, constitue l'un des incidents marquants ayant préparé le terrain à la Révolution américaine.

6 **Briques rouges**

Entre 1700 et 1790 s'impose à Boston une architecture georgienne épurée ayant comme base d'épais murs de briques rouges. Ces nouvelles demeures rivalisent d'élégance tout en conservant cette saine réserve qui est, encore de nos jours, le propre de Boston. L'image de la ville est alors déjà forgée : rouge de la brique, blanc des boiseries et noir des volets.

En 10 repères *(suite)*

7 Irlandais

La maladie de la pomme de terre qui frappa durement l'Irlande força des milliers d'Irlandais à quitter leur pays. Cet exode, qui avait déjà débuté dans les années 1830, a maintenu un bon rythme jusqu'au début du XXe siècle. Plusieurs choisiront de s'installer dans le quartier de South Boston, surnommé à l'époque *The America's Dublin*. En mars, le défilé de la St. Patrick de Boston est encore aujourd'hui l'un des plus importants au pays.

8 Marathon

Le célèbre Marathon de Boston, qui se tient chaque année au mois d'avril depuis 1897, est l'un des plus anciens et des plus prestigieux événements de course à pied de grand fond.

9 Red Sox

Équipe professionnelle de baseball adulée par les Bostoniens, les Red Sox ont pourtant longtemps été frappés par la malédiction du *Bambino* (*Curse of the Bambino*) à la suite de l'échange du fameux frappeur Babe Ruth (le *Bambino*, c'est lui), aux Yankees de New York. Selon cette superstition, la malédiction en question empêcha les Red Sox de gagner le championnat pendant 86 ans (entre 1918 et 2004). Elle prit fin en 2004 lorsqu'ils remportèrent enfin la Série mondiale, exploit qu'ils répétèrent en 2007.

10 Universités

Plus de 50 universités, collèges et autres institutions d'enseignement de haut niveau font depuis des centaines d'années la fierté de Boston et de sa région métropolitaine. Parmi ceux-ci, mentionnons la célèbre Université Harvard, établie à Cambridge, la Boston University, l'Emmanuel College, la Northeastern University, le Simmons College et le Massachusetts Institute of Technology (MIT).

En 5 expériences uniques

1. Revivre des éléments clés de l'histoire des États-Unis en suivant le Freedom Trail (p. 22, 26)
2. Visiter la ville à bord d'un véhicule amphibien des Boston Duck Tours (p. 147)
3. Se retrouver parmi les étudiants de la Harvard University à Cambridge (p. 101)
4. Assister à un match des Red Sox au Fenway Park (p. 90)
5. Faire une balade en **Swan Boat** sur la lagune du Public Garden (p. 41)

En 5 grands événements

1. **Boston Marathon** (p. 137)
2. St. Patrick's Day Parade (p. 136)
3. (ähts) : The Boston Arts Festival (p. 138)
4. Boston Pride Festival (p. 137)
5. Boston Harborfest (p. 137)

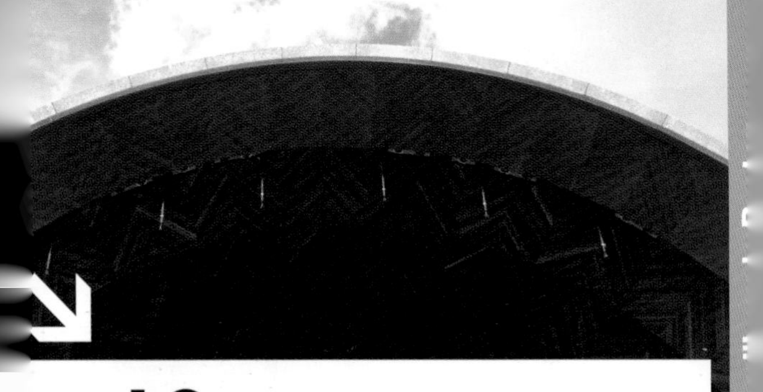

En 10 expériences culturelles

1. Un concert en plein air à la **Hatch Memorial Shell** (p. 56)
2. Une exposition sur l'art moderne à l'Institute of Contemporary Art (p. 68)
3. Une pièce de théâtre dans le Theatre District (p. 84)
4. Un concert de musique classique au Boston Symphony Hall (p. 87)
5. Monet, Renoir, Van Gogh et Gauguin au Museum of Fine Arts (p. 87)
6. Matisse, Degas, Botticelli et Rembrandt à l'Isabella Stewart Gardner Museum (p. 90)
7. Le chœur de l'Université Harvard à la Memorial Church (p. 113)
8. Une pièce de theâtre au Loeb Drama Center (p. 113)
9. Un concert gratuit au New England Conservatory (p. 93)
10. Les galeries d'art dans Newbury Street (p. 58)

En 5 icônes architecturales

1. **Ray and Maria Stata Center** (p. 109)
2. Christian Science Center (p. 86)
3. Leonard P. Zakim Bunker Hill Bridge (p. 44)
4. John Hancock Tower (p. 52)
5. Custom House (p. 28)

En 5 vues exceptionnelles

1. Boston et ses environs du haut du Bunker Hill Monument (p. 99)
2. Le port depuis la **Founders Gallery** de l'Institute of Contemporary Art (p. 68)
3. Une vue panoramique de la ville à partir du 50e étage du Prudential Center, au Skywalk Observatory (p. 86)
4. Le port et le centre-ville depuis la Tavern on the Water (p. 99)
5. La silhouette des gratte-ciel depuis la tour du Mount Auburn Cemetery (p. 107)

En 5 grands parcs

1. **Boston Common** (p. 35)
2. Charles River Reservation (p. 53)
3. Christopher Columbus Waterfront Park (p. 66)
4. Commonwealth Avenue Mall (p. 53)
5. Back Bay Fens (p. 90)

En 5 endroits pour faire plaisir aux enfants

1. **Boston Children's Museum** (p. 68)
2. Boston National Historical Park et USS *Constitution* (p. 95, 98)
3. Boston Tea Party Ships and Museum (p. 68)
4. Museum of Science and Charles Hayden Planetarium (p. 100)
5. New England Aquarium (p. 67)

En 5 belles terrasses

1 Casa Romero (p. 54)
2 The Hungry I (p. 46)
3 Smith & Wollensky (p. 70)
4 B&G Oysters (p. 83)
5 **Legal Harborside** (p. 70)

En 5 classiques de la cuisine locale

1 Les fèves au lard à la bostonienne au **Durgin Park** (p. 31)
2 Un plateau d'huîtres à l'Union Oyster House (p. 70)
3 Un crabe entier chez The Barking Crab (p. 69)
4 Une chaudrée de palourdes chez Legal Sea Foods (p. 70)
5 Un *biscotti* au Sorelle Bakery & Café (p. 99)

En 5 grandes tables

1. **L'Espalier** (p. 55)
2. o ya (p. 83)
3. Hamersley's Bistro (p. 83)
4. Clio Restaurant (p. 55)
5. Hungry Mother (p. 110)

En 5 incontournables de la vie nocturne

1. Bukowski Tavern (bar) (p. 56)
2. Venu (boîte de nuit) (p. 83)
3. Wally's Cafe (spectacles de jazz et de blues) (p. 93)
4. Warren Tavern (bar sportif) (p. 100)
5. Regattabar (boîte de jazz) (p. 112)

En 5 expériences pour les amateurs de sports

1. Un match des Bruins au TD Garden (p. 43, 146)
2. Un match des Celtics au TD Garden (p. 43, 146)
3. Un match des Red Sox au **Fenway Park** (p. 90, 146)
4. Un match sur écran au bar The Fours (p. 72)
5. Une visite du Sports Museum (p. 43)

En 5 incontournables du lèche-vitrine

1. Charles Street (p. 41, 47)
2. Downtown Crossing (p. 74, 84)
3. **Faneuil Hall Marketplace** (p. 30, 34)
4. Quincy Market (p. 30, 34)
5. Newbury Street (p. 52, 57)

explorer boston

1 Le cœur de Boston

À voir, à faire

(voir carte p. 25)

On a souvent comparé la forme initiale de Boston à celle d'une poire inversée. Ce quartier en serait donc le cœur avec ses pépins. Malheureusement, un terrible incendie, survenu en 1872, nous a privés à jamais de nombre de ces précieux pépins, qui étaient autant de pièces importantes de l'histoire des États-Unis. Les quelques bâtiments coloniaux qui subsistent sont maintenant vénérés par les Américains telles de saintes reliques. Ces petites structures en pierre ou en brique font figure de nains parmi les grandes tours du quartier des affaires qui ont poussé depuis la fin du XIXe siècle sur les terrains dégagés par l'incendie. Le piéton se sent écrasé par ces gratte-ciel, juxtaposés sur une trame urbaine d'une autre époque, composée de rues étroites et sinueuses tracées au XVIIe siècle.

Freedom Trail

Il existe plusieurs façons de parcourir le cœur de Boston. L'une d'entre elles consiste à suivre le Freedom Trail, qui mènera éventuellement le visiteur jusque dans le North End, pour se terminer dans Charlestown. Ce «chemin de la Liberté» retrace les différentes étapes de l'indépendance américaine à travers les 17 bâtiments et sites de son parcours, reliés entre eux par un tracé rouge au sol. On se procure le plan du Freedom Trail au **Boston Common Visitor Information Center** *(tlj 9h à 17h; 147 Tremont St., station Park Street du* T, *617-536-4100)* ou au **Boston National Historical Park Visitor Center** *(tlj 9h à 17h; 15 State St., 617-242-5642, www.nps.gov/bost)*.

Un édifice du Government Center.

Le circuit du cœur de Boston débute à la City Hall Plaza, au centre du complexe du Government Center (station Government Center du T*).*

Government Center ★ [1]

de part et d'autre de Cambridge St., entre Stanford St. et Court St.; station Government Center du *T*

En 1950, Boston se mourait. Son centre était en piteux état, et ses monuments crasseux étaient couverts d'enseignes écorchées. La Boston Redevelopment Authority fut créée en 1957 afin de remédier à cette situation peu reluisante. Le premier geste significatif de cet organisme paragouvernemental fut de raser le secteur de Scollay Square pour y aménager le Government Center, réparti autour de la City Hall Plaza, une vaste place pavée de briques rouges, dessinée en 1964 par l'architecte Ieoh Ming Pei.

Ce complexe gouvernemental comprend notamment le **John F. Kennedy Federal Building** [2] *(City Hall Plaza)*, qui abrite des bureaux régionaux du gouvernement fédéral, le **Three Center Plaza** [3] *(côté ouest de Cambridge St.)*, dont la façade incurvée suit la courbe de Cambridge Street, et le **Boston City Hall** ★★ [4] *(au fond de la City Hall Plaza)*, siège de l'administration municipale. L'hôtel de ville de Boston, énorme masse de béton inaugurée en 1968, demeure un des principaux monuments du mouvement brutaliste dans l'architecture moderne. Il ne faut pas hésiter à pénétrer dans cette enceinte de la démocratie urbaine, véritable *palazzo* du XXe siècle doté de quelques espaces publics dignes d'intérêt.

Le cœur de Boston

À voir, à faire ★

1. BX Government Center
2. BX John F. Kennedy Federal Building
3. BX Three Center Plaza
4. CX Boston City Hall
5. BY Steaming Tea Kettle
6. BY King's Chapel Burying Ground/King's Chapel
7. BY Old City Hall
8. BZ Old South Meeting House
9. EY Custom House
10. CY Boston Massacre Site
11. CY Old State House
12. DX Faneuil Hall/Faneuil Hall Marketplace
13. DX Quincy Market

Cafés et restos ●

14. DX Durgin Park
15. CZ Milk Street Café
16. DX Pizzeria Regina
17. DY Sultan's Kitchen

Bars et boîtes de nuit ☽

18. BY Scholars American Bistro & Cocktail Lounge
19. EX The Black Rose
20. BY The Last Hurrah

Salles de spectacle ◆

21. CX Faneuil Hall

Lèche-vitrine ■

22. DX Bostonian Society Museum Shop
23. CX Faneuil Hall Marketplace
24. DX Geoclassics
25. CZ Old South Meeting House Museum Shop
26. DX Quincy Market

Hébergement ▲

27. DX Millennium Bostonian Hotel
28. BY Omni Parker House

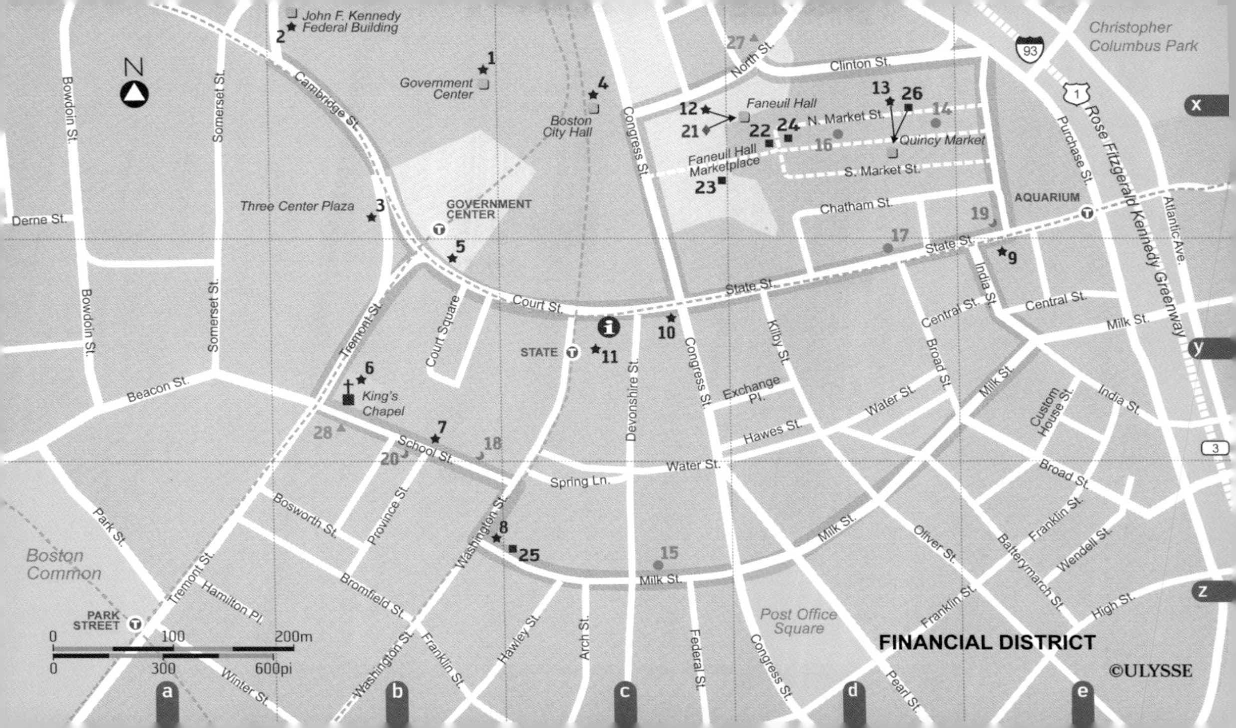
FINANCIAL DISTRICT
©ULYSSE
N
0 100 200m
0 300 600pi
a
b
c
d
e
x
y
z
John F. Kennedy Federal Building
Government Center
Boston City Hall
Three Center Plaza
GOVERNMENT CENTER
STATE
AQUARIUM
PARK STREET
King's Chapel
Faneuil Hall
Faneuil Hall Marketplace
Quincy Market
Boston Common
Post Office Square
Christopher Columbus Park
Rose Fitzgerald Kennedy Greenway
Bowdoin St.
Derne St.
Somerset St.
Cambridge St.
Beacon St.
Park St.
Tremont St.
Hamilton Pl.
Winter St.
Court Square
Court St.
School St.
Bosworth St.
Province St.
Bromfield St.
Washington St.
Franklin St.
Hawley St.
Arch St.
Devonshire St.
Spring Ln.
Water St.
Milk St.
Federal St.
Congress St.
Exchange Pl.
Hawes St.
Kilby St.
State St.
Broad St.
Central St.
India St.
Custom House St.
Oliver St.
Batterymarch St.
Wendell St.
High St.
Pearl St.
Chatham St.
S. Market St.
N. Market St.
Clinton St.
North St.
Purchase St.
Atlantic Ave.
93
1
3
1
2
3
4
5
6
7
8
9
10
11
12
13
14
15
16
17
18
19
20
21
22
23
24
25
26
27
28

Le Freedom Trail

Le Freedom Trail commence au **Boston Common Visitor Information Center** (voir p. 22), où vous pouvez obtenir gratuitement un guide descriptif avec carte, louer un audioguide (15$) ou payer un guide en costume d'époque. Vous pouvez aussi participer au tour gratuit de 90 min offert par un *ranger* (officier) du Service des parcs nationaux américains. Ce tour débute au **Boston National Historical Park Visitor Center** *(tlj 9h à 17h; 15 State St., 617-242-5642).*

Freedom Trail.

Pour parcourir le Freedom Trail dans son ordre linéaire, suivez le tracé rouge au sol.

Boston Common (p. 35)

Massachusetts State House (p. 39)

Park Street Church (p. 38)

Granary Burying Ground (p. 38)

King's Chapel (p. 27)

King's Chapel Burying Ground (p. 27)

Old South Meeting House (p. 28)

Old State House (p. 29)

Boston Massacre Site (p. 29)

Faneuil Hall (p. 29)

Paul Revere House (p. 65)

Old North Church (p. 64)

Bunker Hill Monument (p. 99)

USS *Constitution* (p. 98)

Revenez sur vos pas afin de reprendre Cambridge Street en direction de Court Street.

Steaming Tea Kettle [5]

angle Court St. et Cambridge St.

Au-dessus de la porte d'entrée du café Starbucks qui occupe aujourd'hui un petit bâtiment à ossature de granit érigé en 1845 est accrochée la célèbre Steaming Tea Kettle. Cette théière géante, de laquelle s'échappe une réconfortante vapeur, serait la plus ancienne enseigne publicitaire des États-Unis.

Traversez Court Street afin de rejoindre Tremont Street.

King's Chapel Burying Ground ★ [6]

côté sud de Tremont St., voisin de la King's Chapel

Chemin faisant, on passe devant le King's Chapel Burying Ground, qui constitue le plus ancien cimetière de Boston. Apparu en 1630, il existait bien avant la construction de la chapelle voisine. Y sont inhumées des personnalités telles que John Winthrop, premier gouverneur de la colonie du Massachusetts, et Mary Chilton, l'une des passagères du vénérable *Mayflower*.

King's Chapel ★★ [6]

entrée libre; mar-sam 10h à 16h, dim 13h30 à 16h; angle Tremont St. et School St., 617-227-2155, www.kings-chapel.org

La King's Chapel a été entreprise en 1746 selon les plans de l'architecte Peter Harrison. Cette œuvre originale, revêtue de granit gris, tranche

Old City Hall.

par la richesse de son ornementation sur les bâtiments religieux construits à la même époque dans les colonies américaines. L'intérieur arbore de belles colonnes corinthiennes jumelées, ainsi qu'une réplique de l'orgue que possédait l'église en 1756.

Tournez à gauche dans School Street (rue de l'école), dont le nom évoque la première école publique des États-Unis – la Boston Latin School, fondée en 1635 par Philemon Pormont –, autrefois située à l'angle de Province Street. Une statue de Benjamin Franklin en marque l'emplacement exact.

Old City Hall ★ [7]

45 School St., www.oldcityhall.com

Du côté opposé de School Street se trouve l'Old City Hall, construit sur l'ancien site de la première école publique de Boston, et qui a abrité

1. Old State House.

2. La tour de la Custom House.

l'hôtel de ville de Boston jusqu'à ce qu'il emménage dans le **Government Center** (voir p. 23) en 1968. Sur ses pelouses se dressent les statues en pied de Josiah Quincy, ancien maire de Boston *(1823-1829)*, et de Benjamin Franklin, l'un des plus illustres fils que nous ait donné cette ville.

Empruntez Washington Street vers le sud afin de rejoindre Milk Street.

Old South Meeting House ★★ [8]

6$; avr à oct tlj 9h30 à 17h, nov à mars tlj 10h à 16h; 310 Washington St., angle Milk St., 617-482-6439, www.oldsouthmeetinghouse.org

L'Old South Meeting House est un haut lieu de pèlerinage pour les Américains férus d'histoire. C'est dans cet ancien temple protestant que Samuel Adams a harangué 5 000 colons qui protestaient contre la taxe sur le thé imposée aux colonies américaines par le roi d'Angleterre. Après cette assemblée houleuse du 16 décembre 1773, plusieurs manifestants déguisés en Amérindiens se ruent vers le port où ils jettent à l'eau les cargaisons de thé importé, donnant lieu au célèbre *Boston Tea Party*. Cet événement haut en couleur est l'un des incidents historiques qui ont préparé le terrain à la Révolution américaine. L'édifice abrite maintenant un intéressant musée racontant son histoire.

Empruntez Milk Street vers l'est, puis tournez à gauche dans India Street et poursuivez jusqu'à State Street.

Custom House ★ [9]

angle State St. et India St.

La Custom House a été construite en deux étapes: la colonnade néogrecque de sa base correspond au bâtiment initial de 1837 tandis que la tour dotée d'une grande horloge digne des films d'Harold Lloyd fut ajoutée en 1915.

Tournez à gauche dans State Street, d'où vous bénéficierez d'une belle perspective sur l'Old State House (voir plus loin), qui apparaît toute menue parmi les gratte-ciel des alentours.

Boston Massacre Site [10]

angle sud-ouest de State St. et de Congress St.

Le site du Boston Massacre, souligné par un cercle fait de pavés répartis sur la chaussée, rappelle un événement malheureux survenu le 5 mars 1770. Ce jour-là, un garde royal frappe malencontreusement un enfant à la tête. Aussitôt, des colons outrés se mettent à lancer des pierres aux soldats britanniques qui montent la garde autour du siège du gouvernement colonial. Pris de panique, les soldats répliquent en tirant sur la foule, faisant cinq morts et plusieurs blessés. Certains historiens interprètent cet événement comme ayant été le déclencheur de la Révolution américaine.

Old State House ★★ [11]

7,50$; horaire variable; 206 Washington St., 617-720-1713, www.bostonhistory.org

L'Old State House fut le siège du gouvernement du Massachusetts de 1713, année de sa construction, jusqu'en 1798, moment où l'Assemblée de l'État fut transférée dans l'actuelle State House. L'étroite

2.

structure de briques rouges est surmontée des symboles de la couronne d'Angleterre, soit le lion et la licorne. Le 18 juillet 1776, la Déclaration d'indépendance fut lue aux citoyens du haut de l'élégant balcon blanc qui perce sa façade du côté est. De nos jours, l'Old State House abrite un musée où l'on peut voir différents objets du passé de Boston, dont le manteau de John Hancock, héros de la Révolution américaine.

Revenez sur vos pas et empruntez Congress Street en direction nord afin de rejoindre l'esplanade du Faneuil Hall.

Faneuil Hall ★★ [12]

entrée libre; tlj 9h à 17h; 1 Faneuil Hall Square, 617-523-1300

Autre important témoin du passé colonial de Boston, le Faneuil Hall est un hall doublé d'une salle de

1. La façade du Quincy Market.
2. Un pot de fèves au lard du Durgin Park.

réunion à l'étage. Celle-ci est considérée comme l'un des «berceaux de la liberté», puisque de nombreux orateurs s'y sont succédé, prônant l'émancipation des colonies britanniques d'Amérique au XVIIIe siècle, puis l'abolition de l'esclavage au siècle suivant.

Adjacent au Faneuil Hall, le **Faneuil Hall Marketplace** ★ propose de nombreuses boutiques et des restaurants dans une ambiance familiale très agréable. L'endroit est souvent animé par des clowns, mimes, musiciens et autres amuseurs publics.

Contournez le Faneuil Hall afin d'accéder au Quincy Market.

Quincy Market ★★★ [13]

entrée libre; lun-sam 10h à 21h, dim 12h à 18h;
Faneuil Hall Marketplace

Au début du XIXe siècle, la place du marché du Faneuil Hall se révèle insuffisante pour accueillir le nombre croissant de fermiers venus vendre leurs produits. Le maire Josiah Quincy décide alors de faire construire un marché neuf qui portera éventuellement le nom de Quincy Market. Entrepris en 1825, le long bâtiment néoclassique du marché, œuvre d'Alexander Parris, est encadré par deux entrepôts à ossature de pierre. Il ne faut toutefois pas s'attendre à y retrouver des étals de fruits et de légumes, puisque les fermiers d'autrefois ont fait place aux restaurants et aux boutiques d'aujourd'hui.

Cafés et restos

(*voir carte p. 25*)

Milk Street Café $ [14]

50 Milk St., 617-542-3663,
www.milkstreetcafe.com

Ce café où l'on vous sert au comptoir affiche un menu cacher et propose en outre d'excellents plats végétariens. Ouvert de 7h à 15h seulement, il s'emplit généralement de professionnels du quartier.

Pizzeria Regina $ [15]

Faneuil Hall (à l'étage), 226 Faneuil Hall Marketplace, 617-742-1713,
www.pizzeriaregina.com

La Pizzeria Regina, une institution gastronomique qui date de 1926, est très prisée par les Bostoniens. Ne vous laissez pas décourager par la file à l'entrée: la pizza et les prix imbattables valent l'attente.

Sultan's Kitchen $ [16]

116 State St., angle Broad St., 617-570-9009,
www.sultans-kitchen.com

Ce comptoir de mets turcs du centre-ville sert des sandwichs chiches-kebabs de tout premier ordre, à emporter ou à manger sur place. N'hésitez pas à commander le délicieux pudding aux amandes comme dessert.

Durgin Park $-$$ [14]

North Market Building, 340 Faneuil Hall Marketplace, 617-227-2038,
www.arkrestaurants.com/durgin_park.html

Ce restaurant centenaire est réputé pour ses fruits de mer frais, sa

2

côte de bœuf et ses classiques mets yankees. Pour bien apprécier les saveurs propres à Boston, essayez le traditionnel bœuf braisé (*pot roast*), le fameux *schrod* (jeune morue), les «fèves au lard» à la bostonienne (*Boston baked beans*) ou l'*Indian pudding*.

Bars et boîtes de nuit

(*voir carte p. 25*)

Scholars American Bistro & Cocktail Lounge [18]

25 School St., 617-248-0025,
www.scholarsbostonbistro.com

Avis aux amateurs de cocktails, le Scholars American Bistro en offre une belle sélection dont les noms évoquent l'histoire de Boston: *Gra-*

Les « fèves au lard » à la bostonienne (Boston baked beans)

Les « fèves au lard » à la bostonienne se composent de haricots secs qu'on fait lentement cuire au four avec du lard salé, de la mélasse et des oignons. Il s'agit d'un plat nourrissant que les Bostoniens affectionnent tout particulièrement depuis les premiers temps de la colonie; de fait, ils aiment tellement les haricots qu'on surnomme volontiers Boston *Beantown* (la ville des haricots).

Il existe plusieurs variantes de la recette des fèves au lard, mais aucune n'omet l'ingrédient jugé indispensable qu'est la mélasse. Tout a commencé à l'époque où la ville était un important producteur de rhum, ce qui l'amenait à traiter des quantités considérables de mélasse. Pour tout dire, Boston jouait alors un rôle de premier plan au sein de ce qu'il est convenu d'appeler le fameux « triangle commercial », en ce que le rhum était fait avec de la mélasse tirée de la canne à sucre récoltée par des esclaves dans les Antilles, puis envoyée en Afrique pour servir à l'achat de nouveaux esclaves à ramener aux Antilles afin de produire plus de canne à sucre à envoyer, cette fois, à Boston...

La mélasse a par ailleurs été à l'origine d'un désastre survenu à Boston en 1919. Le 15 janvier de cette année-là, 21 personnes et une douzaine de chevaux ont en effet été tués lorsqu'un réservoir de stockage a éclaté, et fait déferler dans Commercial Street une vague de 8,3 millions de litres de mélasse !

Fort heureusement, les fèves au lard à la mélasse sont beaucoup plus appétissantes que l'histoire entourant l'exploitation de la douce et onctueuse substance.

The Last Hurrah.

nary Ground, Boston Tea Party, entre autres. Vous pourrez aussi y manger une cuisine de type bistro.

The Black Rose [19]
160 State St., 617-742-2286,
www.blackroseboston.com
Le Black Rose est un pub irlandais d'allure traditionnelle qui présente des musiciens sur scène tous les soirs de la semaine. Il sert en outre des repas complets et divers plats de pub. Assez populaire auprès des touristes.

The Last Hurrah [20]
Omni Parker House, 60 School St.,
617-227-8600, www.omnihotels.com
Dans une décoration et une ambiance plutôt classiques, The Last Hurrah propose un choix impressionnant de whiskys.

Salles de spectacle

(voir carte p. 25)

Faneuil Hall [21]
1 Faneuil Hall Square, 617-635-3105,
www.faneuilhallmarketplace.com
Le **Faneuil Hall** (voir p. 29) a été construit en 1742 par Peter Faneuil, un riche marchand de Boston, pour servir de marché permanent et de lieu de rencontre, et la tradition s'est perpétuée jusqu'à ce jour. Aujourd'hui, le hall qui se trouve à l'étage accueille divers événements communautaires et concerts de musique classique.

Lèche-vitrine

(voir carte p. 25)

Dans le cœur de Boston, les commerces sont surtout concentrés

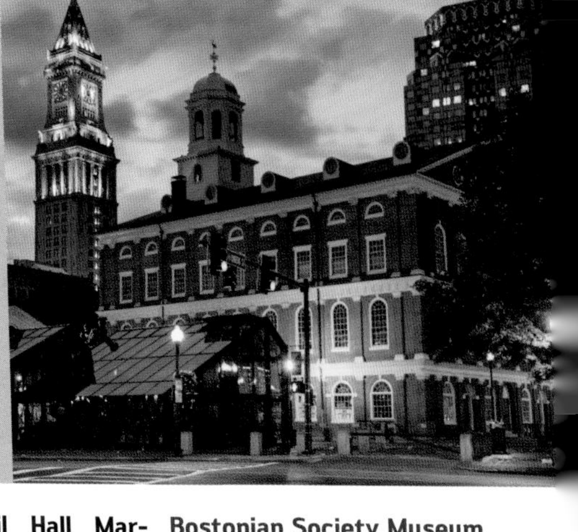

Faneuil Hall Marketplace.

autour du **Faneuil Hall Marketplace** [23]. Ce secteur de 2,6 ha englobe le populaire **Quincy Market** [26] et recèle des boutiques haut de gamme, tant de mode que d'accessoires, d'articles pour la maison et de produits artisanaux, ainsi que des kiosques de rue et de bons restaurants. On vise surtout la clientèle touristique, et les lieux sont envahis à longueur d'année par des amuseurs publics et des musiciens.

Souvenirs et cadeaux

Old South Meeting House Museum Shop [25]
310 Washington St., 617-482-6439

Cette boutique de musée vend des livres historiques, des jeux et des jouets éducatifs, de même que des cadeaux variés.

Bostonian Society Museum Shop [22]
Quincy Market, Faneuil Hall Marketplace, 617-742-4744

Cette boutique vend des livres de photos et d'histoire de Boston ainsi que de l'artisanat, entre autres des courtepointes et des objets décoratifs pour la maison.

Geoclassics [24]
7 North Market, Faneuil Hall Marketplace, 617-523-6112

Parcourez ce magasin pour découvrir sa fascinante collection de fossiles et de minéraux de toutes les parties du monde.

2

Beacon Hill et West End

À voir, à faire

(voir carte p. 37)

Beacon Hill est un de ces lieux magiques qui vous feront remonter dans le temps. Ses vieilles maisons de briques rouges, pressées les unes contre les autres le long de rues étroites et pentues, forment un secteur compact d'une harmonie presque trop parfaite. Lorsqu'on le parcourt, il faut s'attarder aux moindres détails architecturaux, comme les portes d'entrée, les grilles de fer et les réverbères à gaz, qui sont autant de témoignages de la retenue et de la pérennité de ses résidents.

Le circuit débute au bas de la colline de Beacon Hill, à l'angle de Park Street et de Tremont Street (station Park Street du T).

Tremont Street [1]

Tremont Street fut baptisée ainsi pour rappeler l'ancienne Trimountains, premier nom donné à Boston par les puritains en raison de la présence de trois collines sur la presqu'île de Shawmut, où fut fondée la ville (Beacon Hill, Mount Vernon et Pemberton Hill). Seule Beacon Hill n'a pas été complètement aplanie.

Boston Common ★★ [2]

entre Tremont St. et Beacon St.

Du côté ouest de Tremont Street s'étire le Boston Common, qui fait la joie des Bostoniens comme celle des touristes grâce à ses nombreuses aires ombragées et à son Frog Pond (étang à grenouilles), qui se transforme en patinoire l'hiver venu. Ce grand parc sert de pivot autour duquel gravitent les différents quartiers du centre de la ville.

Beacon Hill et West End

À voir, à faire ★

1. BZ Tremont Street
2. BZ Boston Common
3. BZ Cathedral Church of St. Paul
4. CY Park Street Station
5. CY Park Street Church
6. CY Granary Burying Ground
7. CY Boston Athenæum
8. BY Amory-Ticknor House
9. BY Massachusetts State House
10. BY Chestnut Street
11. AY Mount Vernon Street
12. BY Nichols House Museum
13. AY Louisburg Square
14. AY Acorn Street
15. AY Charles Street
16. AZ Public Garden/Swan Boats
17. AY Cheers on Beacon Hill
18. AY Church of the Advent
19. BX Museum of African American History/Abiel Smith School
20. BX African Meeting House
21. BX Old West Church
22. BX First Harrison Gray Otis House
23. CY TD Garden/Sports Museum
24. CY Leonard P. Zakim Bunker Hill Bridge
25. AV Museum of Science and Charles Hayden Planetarium

Cafés et restos ●

26. AX Antonio's Cucina Italiana
27. AY Lala Rokh
28. BX Ma Soba
29. CY Mooo...
30. AY Nino's Pizza & Subs
31. AX Panificio
32. AY The Hungry I

Bars et boîtes de nuit ☽

33. CY 21st Amendment
34. CZ jm Curley
35. AY The Sevens

Lèche-vitrine ■

36. AY 20th Century Limited
37. AX Black Ink
38. AY Cheers on Beacon Hill
39. AX Crush
40. BX Museum of African American History
41. AX Savenor's Market

Hébergement ▲

42. AY Beacon Hill Hotel & Bistro
43. CY Fifteen Beacon Hotel
44. AX The John Jeffries House

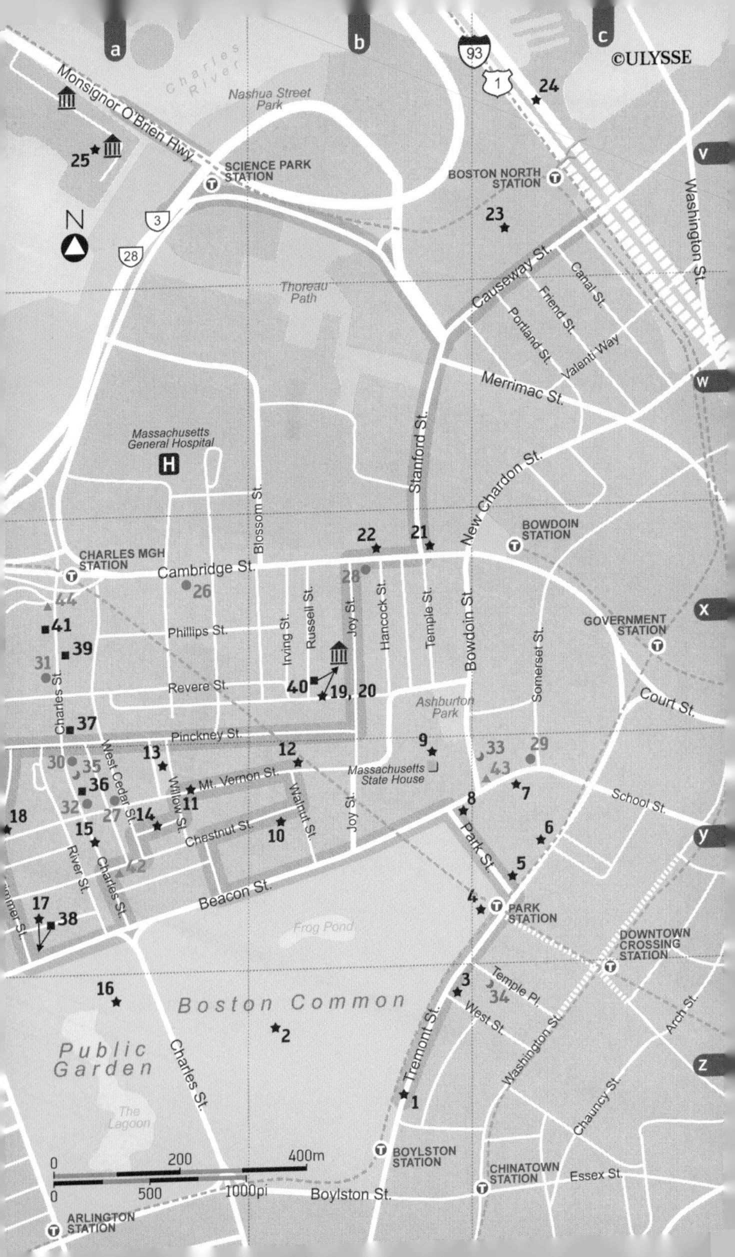
©ULYSSE
Charles River
Monsignor O'Brien Hwy.
Nashua Street Park
Science Park Station
Boston North Station
Washington St.
Thoreau Path
Causeway St.
Canal St.
Friend St.
Portland St.
Valenti Way
Merrimac St.
Stanford St.
Massachusetts General Hospital
New Chardon St.
Blossom St.
Bowdoin Station
Charles MGH Station
Cambridge St.
Phillips St.
Irving St.
Russell St.
Joy St.
Hancock St.
Temple St.
Bowdoin St.
Somerset St.
Government Station
Revere St.
Ashburton Park
Court St.
Charles St.
Pinckney St.
West Cedar St.
Willow St.
Mt. Vernon St.
Walnut St.
Massachusetts State House
School St.
Chestnut St.
River St.
Park St.
Beacon St.
Park Station
Frog Pond
Downtown Crossing Station
Temple Pl.
West St.
Boston Common
Washington St.
Arch St.
Public Garden
Tremont St.
Chauncy St.
The Lagoon
Boylston Station
Chinatown Station
Essex St.
Boylston St.
Arlington Station
0 200 400m
0 500 1000pi
N

Cathedral Church of St. Paul ★ [3]

entrée libre; mar-ven 11h à 17h, dim 8h à 16h;
138 Tremont St., angle Temple Place, 617-482-5800, www.stpaulboston.org

Après la Révolution américaine, l'Église anglicane des États-Unis devient l'« Église épiscopale », afin de se démarquer de l'Église d'Angleterre. La Cathedral Church of St. Paul, siège de l'évêché épiscopal de Boston, fut érigée en 1820 selon les plans de l'architecte Alexander Parris. Elle arbore une façade néoclassique plutôt spartiate qui n'est pas sans rappeler les temples de l'Antiquité.

Empruntez Tremont Street en direction de Park Street.

Park Street Station [4]

angle Tremont St. et Park St.

La Park Street Station du *T*, inaugurée dès 1897, est la plus ancienne station du plus vieux métro d'Amérique du Nord. Elle fut décriée par les critiques de l'époque qui la comparaient aux catacombes. Elle présente néanmoins un intérêt historique indéniable.

Park Street Church ★ [5]

entrée libre; mar-ven 9h à 16h, sam 9h à 15h;
1 Park St., 617-523-3383, www.parkstreet.org

La Park Street Church possède un carillon dont les airs agrémentent les promenades dans le Boston Common tout proche. Cette église évangélique fut construite en 1809 dans la plus pure tradition georgienne. William Lloyd Garrison y a prononcé son premier discours antiesclavagiste le 4 juillet 1829, provoquant une émeute dans les rues avoisinantes.

1

Granary Burying Ground ★ [6]

tlj 9h à 17h; Tremont St., au nord de la Park Street Church

Même s'il ne s'agit pas du plus ancien cimetière de Boston, le Granary Burying Ground est très certainement le plus important lieu de sépulture de la vieille ville, puisque plusieurs héros de la Révolution américaine y reposent, entre autres Samuel Adams, John Hancock et Paul Revere, de même que les victimes du Boston Massacre. La belle grille néo-égyptienne qui le ceinture fut ajoutée vers 1830.

Boston Athenæum ★★ [7]

entrée libre; lun-mer 9h à 20h, jeu-ven 9h à 17h30, sam 9h à 16h; 10 Beacon St., 617-227-0270, www.bostonathenaeum.org

Le Boston Athenæum n'a rien à envier aux plus célèbres bibliothèques privées d'Europe. L'institution, fondée en 1807, regroupe

1. Granary Burying Ground.

2. Boston Athenæum.

une collection de plus de 500 000 volumes portant sur l'histoire de la Nouvelle-Angleterre ainsi que sur la littérature de langue anglaise. On peut également y voir un nombre important d'œuvres d'art. À noter que seuls le premier étage et les salles d'exposition sont accessibles aux non-membres.

Amory-Ticknor House ★ [8]

angle Park St. et Beacon St.

L'Amory-Ticknor House est l'une des plus curieuses maisons de Boston. Au cube dessiné par Charles Bulfinch en 1804 fut ajouté en 1885 un décor Queen Anne britannique débridé qui donne un air médiéval à cette résidence où a notamment habité le fondateur de la bibliothèque de Boston, George Ticknor (1791-1871).

Massachusetts State House ★★★ [9]

visite sur réservation; lun-ven 10h à 16h;
24 Beacon St., 617-727-3676

On découvre au sommet de Beacon Hill la superbe Massachusetts State House, avec son dôme aveugle, entièrement recouvert d'or 24 carats. L'édifice de style Federal, entrepris en 1795, abrite le siège du gouvernement de l'État du Massachusetts. Considéré à juste titre comme le chef-d'œuvre de l'architecte Charles Bulfinch (1763-1844), il a servi de modèle pour la construction des différents capitoles à travers les États-Unis.

Longez le Boston Common, tournez à droite dans Spruce Street, puis encore à droite dans Chestnut Street.

Acorn Street.

Chestnut Street ★★ [10]
Chestnut Street présente une cohésion exceptionnelle. Parmi ses maisons les plus remarquables, mentionnons celles situées aux n°s 13, 15 et 17, dessinées par Bulfinch entre 1806 et 1808 pour les trois filles de Hepzibah Swan, ainsi que l'unique demeure disposée perpendiculairement à la rue (n° 29A), dont on dit que les vitres seraient devenues mystérieusement violettes sous l'effet du soleil.

Tournez à gauche dans Walnut Street, puis encore à gauche dans Mount Vernon Street.

Mount Vernon Street ★★ [11]
Mount Vernon Street, plus large que Chestnut Street, possède une architecture davantage diversifiée. On y trouve le petit **Nichols House Museum** [12] *(8$; avr à oct mar-sam 11h à 16h, nov à mars jeu-sam 11h à 16h; 55 Mount Vernon St., 617-227-6993, www.nicholshousemuseum.org)*, installé dans une autre demeure de Bulfinch (1804). La visite de ce musée privé permet de mieux comprendre l'histoire et le mode de vie des familles de Beacon Hill.

Louisburg Square ★★ [13]
À l'angle de Willow Street, Louisburg Square est l'une des grandes réussites urbaines de Beacon Hill. Ce square ombragé n'est accessible qu'aux résidents des alentours. Il est quand même possible d'apercevoir les statues d'Aristide le Juste, installée à son extrémité sud, et de Christophe Colomb, située à

son extrémité nord. Le square est entouré d'élégantes maisons en rangée de style Federal et Greek Revival (néogrec) érigées entre 1826 et 1837.

Tournez à gauche dans Willow Street puis à droite dans Acorn Street.

Acorn Street ★★ [14]

Considérée comme l'une des plus jolies rues de Boston, la minuscule Acorn Street nous replonge dans le Boston du XIXe siècle. D'un côté de cette petite rue se trouvent des maisons en rangée, alors que de l'autre on aperçoit de lourdes portes verrouillées derrière lesquelles se cachent les jardins des maisons voisines. Attention de ne pas tomber en marchant dans la rue : les galets irréguliers qui font office de revêtement vous feront d'autant plus revivre le XIXe siècle.

Après avoir marché jusqu'au bout d'Acorn Street, tournez à gauche dans West Cedar Street, puis à droite dans Chestnut Street. Poursuivez jusqu'à Charles Street.

Charles Street [15]

Charles Street est la principale artère commerciale de Beacon Hill. On y trouve plusieurs boutiques d'antiquaires et quelques bons restaurants.

Tournez à droite dans Beacon Street.

Public Garden ★★ [16]

entre Arlington St. et Charles St.

Le flanc sud-est de Beacon Street est bordé par le joli Public Garden. Le premier jardin botanique public d'Amérique du Nord est agrémenté d'un lac artificiel, creusé en 1859. Celui-ci est enjambé par un pont suspendu sous lequel glissent d'étranges radeaux en forme de cygnes appelés **Swan Boats** *(2,75$; avr à fin juin tlj 10h à 16h, fin juin à début sept tlj 10h à 17h, sept lun-ven 12h à 16h, sam-dim 10h à 16h; 617-522-1966, www.swanboats.com).*

Cheers on Beacon Hill [17]

84 Beacon St.

La façade de l'ancien Bull and Finch Pub, qui porte maintenant le nom de Cheers on Beacon Hill, a servi de décor à la très populaire télésérie *Cheers*, ce qui attire sur les lieux de nombreux touristes chaque année. Le décor intérieur du pub, exécuté en Angleterre, a été dessiné par le Montréalais Paul Hughes en 1969.

Tournez à droite dans Brimmer Street.

Church of the Advent ★ [18]

lun-ven 9h à 16h30; angle Brimmer St. et Mount Vernon St., 617-523-2377, www.theadvent.org

La Church of the Advent, de style néogothique, donne à ce secteur du quartier un air de village d'Angleterre. Une Lady Chapel fut ajoutée à l'église de 1875 par les talentueux architectes Cram et Goodhue.

Tournez à droite dans Pinckney Street, puis à gauche dans Joy Street.

Museum of African American History ★ [19]

5$, comprend la visite de l'African Meeting House, décrite ci-dessous; lun-sam 10h à 16h; Abiel Smith School, 46 Joy St., 617-725-0022, www.afroammuseum.org

Le Museum of African American History, un centre d'interprétation qui loge dans l'ancienne **Abiel Smith School**, porte sur l'histoire de la communauté afro-américaine en Nouvelle-Angleterre pendant la période coloniale. Le centre est aussi le point de départ du **Black Heritage Trail**.

African Meeting House [20]

visite incluse dans le droit d'entrée du Museum of African American History, décrit ci-dessus; lun-sam 10h à 16h; 8 Smith Court, 617-742-5415

Au XIXe siècle, plusieurs des domestiques de Beacon Hill étaient des Noirs. Aussi ne faut-il pas se surprendre de retrouver dans ce quartier quelques-uns des éléments les plus significatifs du patrimoine afro-américain, dont l'African Meeting House, première église noire des États-Unis. Le modeste édifice, inauguré en 1806, fait partie du Museum of African American History et constitue un arrêt important sur le Black Heritage Trail de Boston.

Le Black Heritage Trail

Ce «sentier patrimonial», long de 2,5 km, passe par 14 sites historiques qui mettent en lumière le riche passé de la communauté afro-américaine bostonienne. Vous pouvez explorer le Black Heritage Trail par vous-même ou encore participer à la visite guidée gratuite proposée par le National Park Service. Le tour, d'une durée de 1h30, commence au Robert Gould Shaw Memorial, situé dans le Boston Common près de Beacon Street, en face de la Massachusetts State House. Le dernier arrêt se fait à l'Abiel Smith School. À noter que seules l'African Meeting House et l'Abiel Smith School peuvent être visitées. Les autres lieux historiques sont des propriétés privées. Pour de plus amples renseignements, composez le 617-725-0022 ou visitez le site Internet *www.afroammuseum.org/trail.htm.*

TD Garden.

Tournez à droite dans Cambridge Street, puis rendez-vous à l'angle de Temple Street.

Old West Church ★ [21]

angle Cambridge St. et Temple St.

First Harrison Gray Otis House ★★ [22]

8$; mer-dim 11h à 17h, visite guidée toutes les demi-heures; 141 Cambridge St., 617-994-5920

Deux bâtiments de briques rouges, situés au pied de Beacon Hill, apparaissent isolés parmi les immeubles modernes du XXe siècle : l'Old West Church, une église congrégationaliste de forme cubique érigée en 1806, et la First Harrison Gray Otis House, première résidence d'Harrison Gray Otis. La visite guidée de cette intéressante maison-musée de style Federal permet d'admirer un intérieur américain de 1796.

Prenez Staniford Street à gauche afin de vous diriger vers le quartier de West End. Tournez à droite dans Causeway Street pour atteindre le TD Garden.

TD Garden [23]

10$, incluant l'entrée au Sports Museum; visites guidées juil et août tlj; 150 Causeway St., 617-624-1050, www.tdgarden.com

Le TD Garden abrite la patinoire où évoluent les Boston Bruins et les Boston Celtics. Un recoin du bâtiment est réservé au **Sports Museum** *(10$, incluant la visite guidée; tlj 10h à 16h; 617-624-1235)*, où l'on peut se remémorer les exploits de grands sportifs qui ont évolué à Boston, tels les hockeyeurs Bobby Orr et Phil Esposito ou encore le légendaire joueur de basketball Larry Bird.

Ponts remarquables de la Charles River

Le Longfellow Bridge, aux piliers sculptés, relie Cambridge à Beacon Hill et porte le surnom de «Salt and Pepper Bridge» (le pont sel et poivre). Recherchez par ailleurs les *Smoot increments* du Harvard Bridge, qui enjambe la rivière entre Cambridge et le quartier de Back Bay. Ces marques hachurées sont le résultat d'une frasque étudiante de 1958 après qu'on eut entrepris de mesurer le pont en prenant pour unité de mesure le corps allongé d'un certain Oliver Smoot (promotion de 1962). Le pont mesure 364,4 *smoots*, et ses marques particulières sont repeintes à intervalles de quelques années par des étudiants du MIT. Cette tradition a survécu à la démolition et à la reconstruction du pont vers la fin des années 1980, et l'on a même appris que la police de Boston se servait des *Smoot increments* pour indiquer le lieu exact des accidents sur le pont. Quant au Leonard P. Zakim Bunker Hill Bridge, il a été inauguré en 2003 lors du projet *Big Dig* et relie Charlestown au North End. Ce pont à l'architecture pour le moins originale comprend 10 voies et serait le plus large pont à haubans au monde. Il faut le voir en soirée lorsqu'il est tout illuminé.

Leonard P. Zakim Bunker Hill Bridge ★ [24]

Derrière le TD Garden, vous remarquerez le superbe Leonard P. Zakim Bunker Hill Bridge, qui enjambe la Charles River (voir l'encadré ci-dessus.)

Le circuit se termine au Museum of Science and Charles Hayden Planetarium. Pour vous y rendre, revenez sur vos pas, puis prenez la Martha Road à gauche jusqu'à la Monsignor O'Brien Highway que vous emprunterez. Vous pouvez aussi prendre le T à la North Station et descendre, une station plus loin, à la Science Park Station.

Museum of Science and Charles Hayden Planetarium ★★ [25]

adultes 32$, enfants 27$ pour l'exposition et le planétarium; juil à début sept sam-jeu 9h à 19h, ven 9h à 21h, sept à juin sam-jeu 9h à 17h, ven 9h à 21h; 1 Science Park Rd., Charles River Dam, station Science Park du *T*, 617-723-2500, www.mos.org

Parmi les musées préférés des enfants bostoniens, le Museum of Science and Charles Hayden Planetarium figure en bonne place grâce à ses expositions interactives, toujours à la fine pointe de la technologie. Le musée comprend en outre un énorme

Leonard P. Zakim Bunker Hill Bridge.

cinéma IMAX et un planétarium, surmonté d'un observatoire.

Cafés et restos

(voir carte p. 37)

Nino's Pizza & Subs $ [30]
79 Charles St., 617-523-3974,
www.ninospizzabeaconhill.com

Pour un repas économique dans le chic quartier de Beacon Hill, laissez-vous tenter par une pizza ou un sandwich de cette pizzeria locale.

Antonio's Cucina Italiana $$ [26]
288 Cambridge St., 617-367-3310,
www.antoniosrestaurants.com

Ce restaurant lumineux sert des mets frais et savoureux du nord et du sud de l'Italie. Décor rehaussé de reproductions d'œuvres d'art et musique italienne authentique en prime.

Panificio $$ [31]
144 Charles St., 617-227-4340,
www.panificioboston.com

Ce café-boulangerie sert petits déjeuners, déjeuners et dîners, de même qu'un alléchant brunch les samedis et dimanches. L'atmosphère est décontractée.

Lala Rokh $$$ [27]
97 Mount Vernon St., 617-720-5511,
www.lalarokh.com

Il n'est pas facile de trouver une authentique cuisine persane à Boston, mais le Lala Rokh fait très bien l'affaire. Une combinaison aromatique d'épices orientales et méditerranéennes donne aux plats une saveur tout à fait distinctive.

Ma Soba $$$ [28]
156 Cambridge St., 617-973-6680,
www.masobaboston.com

Ce petit restaurant asiatique fort raffiné met en vedette sushis et sashimis, de même que des mets thaïlandais, coréens et chinois. La décoration urbaine et les fenêtres qui s'ouvrent pendant la belle saison ajoutent à l'atmosphère invitante de l'établissement. Bonne sélection de vins.

The Hungry I $$$$ [32]
71 Charles St., 617-227-3524,
www.hungryiboston.com

Manger au Hungry I, c'est plonger dans un autre monde. Le menu varie selon la saison et comporte un grand choix de gibiers, la carte des vins se veut étendue, et les desserts sont exquis. Le Hungry I propose également un formidable brunch dominical à trois services.

Mooo... $$$$-$$$$$ [29]
15 Beacon St., 617-670-2515,
www.mooorestaurant.com

Ce *steakhouse* de luxe propose un menu où se côtoient filet mignon, bœuf Kobe et steak vieilli, mais aussi quelques plats de poisson et fruits de mer. Il ne faut pas manquer de goûter aux *dumplings*.

Bars et boîtes de nuit

(voir carte p. 37)

21st Amendment [33]
150 Bowdoin St., 617-227-7100,
www.21stboston.com

Ce bar à l'anglaise attire volontiers les représentants de la Chambre législative voisine de même que les étudiants de la Suffolk University, également située tout près. Soit dit en passant, le 21e amendement à la Constitution des États-Unis avait trait à l'abrogation de la Prohibition.

jm Curley [34]
21 Temple Pl., 617-338-5333,
www.jmcurleyboston.com

Nommé en l'honneur de James Michael Curley, un ancien maire de Boston considéré comme controversé par ses pairs, le jm Curley offre une ambiance intimiste et une impressionnante sélection de bières de microbrasseries américaines et importées.

1. Mooo...

2. Black Ink.

The Sevens [35]
77 Charles St., 617-523-9074

Le Sevens est un confortable bar de quartier dont la clientèle est extrêmement variée, et vous y côtoierez aussi bien des professionnels que des cyclistes et des touristes. Bonne nourriture de bar.

Lèche-vitrine

(voir carte p. 37)

La plupart des commerces du quartier de Beacon Hill se trouvent dans la charmante Charles Street, dont les trottoirs de briques, les lampadaires à l'ancienne et les airs rupins confèrent un cachet tout à fait particulier aux magasins spécialisés et aux boutiques d'antiquités qui la bordent.

Alimentation

Savenor's Market [41]
160 Charles St., 617-723-6328, www.savenorsmarket.com

Vous croiserez ici des habitants du quartier affairés à choisir leur viande fraîche, qu'il s'agisse de cailles, de kangourou ou d'alligator. On y propose en outre de fins condiments et du pain frais.

Souvenirs et cadeaux

Black Ink [37]
101 Charles St., 617-723-3883 ou 866-497-1221, www.blackinkboston.com

Cette amusante petite boutique réputée pour ses timbres de caoutchouc (tampons) exclusifs vend aussi du papier et des cartes, des albums de photos, des cadeaux uniques et des jouets originaux. Autre adresse à Cambridge (voir p. 115).

Cheers on Beacon Hill.

20th Century Limited [36]
73 Charles St., 617-742-1031,
www.boston-vintagejewelry.com

Ce magasin se révèle être un véritable coffre à bijoux de fantaisie des années 1920, plein d'objets Art déco et d'articles de décoration des années 1980.

Cheers on Beacon Hill [38]
84 Beacon St., 617-227-9605,
www.cheersboston.com

Ce bar a inspiré la télésérie *Cheers*. Le personnel ne vous appellera sans doute pas par votre nom en entrant, mais ne manquera pas de le faire dès que vous sortirez votre carte de crédit pour payer vos achats. Vous y trouverez en effet une myriade de t-shirts, sweat-shirts et autres souvenirs de *Cheers*.

Museum of African American History [40]
Abiel Smith School, 46 Joy St., 617-720-2991

La boutique du Museum of African American History vend des livres pour petits et grands, des disques compacts, des DVD, de la papeterie, des affiches, des parapluies et de l'artisanat afro-américain.

Vêtements et accessoires

Crush [39]
131 Charles St., 617-720-0010,
www.shopcrushboutique.com

Cette boutique située en sous-sol propose de jolis vêtements de style vintage à des prix plutôt élevés.

3 Back Bay

À voir, à faire

(voir carte p. 51)

Autrefois recouvert d'eau, Back Bay est aujourd'hui un quartier à la mode où se marient rues résidentielles paisibles et artères bordées de boutiques haut de gamme et de restaurants chics dont plusieurs se sont d'ailleurs installés à l'intérieur d'anciennes demeures bourgeoises. Ses rues larges et rectilignes, inspirées des Grands Boulevards parisiens du Second Empire, sont considérées comme l'une des plus éclatantes réussites de l'urbanisme nord-américain.

Le circuit débute à Copley Square (station Copley du T).

Copley Square [1]

entre Boylston St., Clarendon St., Dartmouth St. et St. James Ave.

Copley Square est une vraie place publique où se côtoient les Bostoniens de toutes origines. Aménagée en 1869, très tôt le square s'impose comme un carrefour culturel et religieux, avec la construction en 1871 du premier musée des beaux-arts de Boston, aujourd'hui détruit. L'espace a été entièrement redessiné en 1968 en prévision des célébrations du centenaire de sa création.

Trinity Church ★★★ [2]

6$; lun, mar, jeu et ven 9h à 17h, mer 9h à 19h, sam 9h à 16h30, dim 7h à 19h; 206 Clarendon St., 617-536-0944, www.trinitychurchboston.org

Le bâtiment qui s'impose d'emblée, à l'arrivée dans le square, n'est pourtant pas le plus grand. Il s'agit de la Trinity Church, considérée comme l'une des meilleures réalisations de l'architecture américaine du XIXe siècle. L'art roman français est omniprésent, à travers les multiples arcs cintrés et la statuaire médiévale, mais son traitement diffère de celui des réalisations européennes de la même époque.

Back Bay

À voir, à faire ★

1. CY Copley Square
2. DY Trinity Church
3. DZ John Hancock Tower
4. CY Boston Public Library
5. CY New Old South Church
6. BY Newbury Street
7. BY Commonwealth Avenue Mall/ Commonwealth Avenue
8. BY Burrage House
9. DY First Baptist Church
10. DX Gibson House Museum
11. CX Charles River Reservation
12. EX Hatch Memorial Shell

Cafés et restos ●

13. BZ Brasserie Jo
14. BY Casa Romero
15. AY Clio Restaurant
16. EZ Davio's Northern Italian Steakhouse
17. AX India Quality Restaurant
18. BY L'Espalier
19. BY Men Tei Noodle House
20. DZ Post 390
21. DZ Red Lantern
22. BY Steve's Greek Cuisine

Bars et boîtes de nuit ☽

23. BY Bukowski Tavern
24. DZ Club Café
25. BY Daisy Buchanan's
26. EY Gypsy Bar

Salles de spectacle ♦

27. AY Berklee Performance Center
28. EX Hatch Memorial Shell

Lèche-vitrine ■

29. CY 1154 LILL Studio
30. CY Anthropologie
31. CZ Copley Place Mall
32. CY Copley Society of Art
33. AY Fossil
34. CY International Poster Gallery
35. BY Life is good
36. BY Lipstick
37. CY Max Brenner
38. BY Newbury Comics
39. AY Patagonia
40. BZ Prudential Center
41. CY The Society of Arts and Crafts
42. BY Trader Joe's
43. AY Trident Booksellers and Cafe

Hébergement ▲

44. BY Hotel Commonwealth
45. BY Newbury Guest House
46. EY Taj Boston
47. DZ The Back Bay Hotel
48. CY The Charlesmark Hotel & Lounge
49. AY The Eliot Hotel
50. CY The Fairmont Copley Plaza
51. BZ The Inn @ St. Botolph
52. CY The Lenox

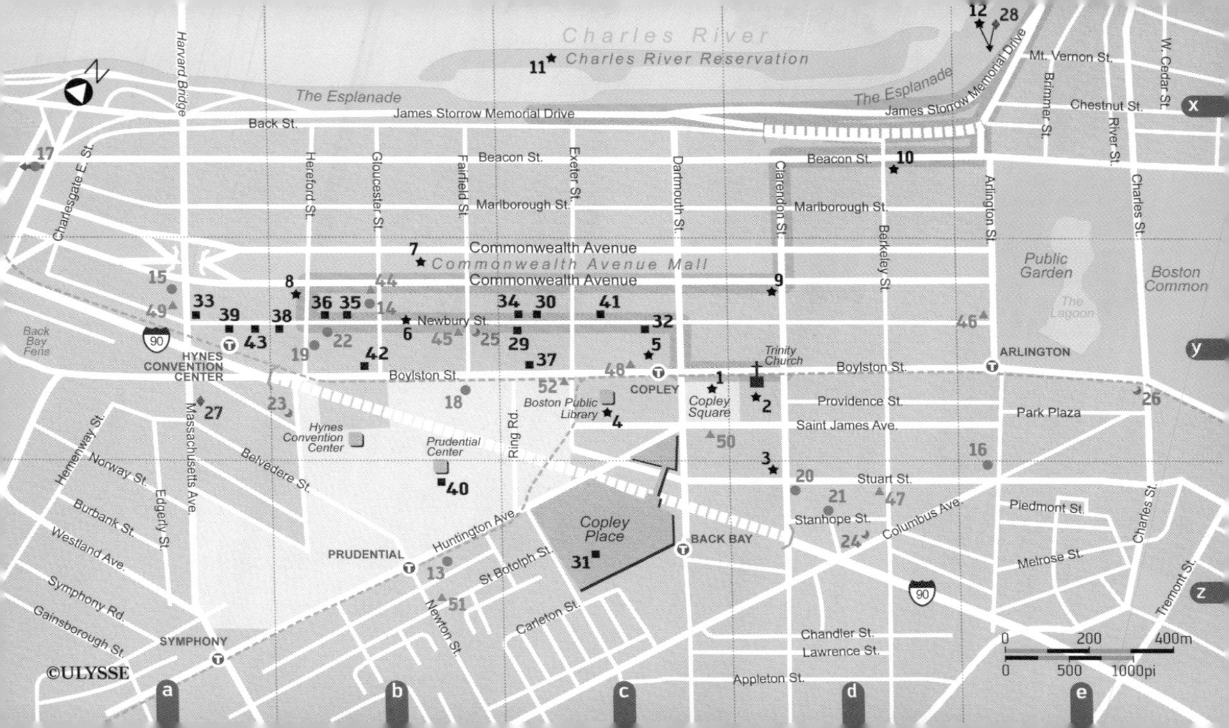

Charles River
Charles River Reservation
The Esplanade
James Storrow Memorial Drive
Harvard Bridge
Back St.
Charlesgate E. St.
Beacon St.
Marlborough St.
Commonwealth Avenue
Commonwealth Avenue Mall
Newbury St.
Boylston St.
Hereford St.
Gloucester St.
Fairfield St.
Exeter St.
Dartmouth St.
Clarendon St.
Berkeley St.
Arlington St.
Brimmer St.
Mt. Vernon St.
Chestnut St.
River St.
W. Cedar St.
Charles St.
Public Garden
The Lagoon
Boston Common
ARLINGTON
Trinity Church
Copley Square
COPLEY
Boston Public Library
Providence St.
Park Plaza
Saint James Ave.
Stuart St.
Stanhope St.
Piedmont St.
Melrose St.
Columbus Ave.
BACK BAY
Copley Place
Tremont St.
Chandler St.
Lawrence St.
Appleton St.
Carleton St.
St Botolph St.
Newton St.
Huntington Ave.
PRUDENTIAL
Prudential Center
Ring Rd.
Hynes Convention Center
HYNES CONVENTION CENTER
Back Bay Fens
Massachusetts Ave.
Belvedere St.
Hemenway St.
Norway St.
Edgerly St.
Burbank St.
Westland Ave.
Symphony Rd.
Gainsborough St.
SYMPHONY
©ULYSSE
90
0 200 400m
0 500 1000pi
a
b
c
d
e
x
y
z
1
2
3
4
5
6
7
8
9
10
11
12
13
14
15
16
17
18
19
20
21
22
23
24
25
26
27
28
29
30
31
32
33
34
35
36
37
38
39
40
41
42
43
44
45
46
47
48
49
50
51
52

John Hancock Tower ★ [3]

200 Clarendon St.

La John Hancock Tower, aussi appelée Hancock Place, tente par tous les moyens de s'effacer devant les monuments de Copley Square, afin de ne pas les concurrencer, que ce soit par son revêtement en verre réfléchissant bleuté ou par ses angles aigus qui l'amincissent du côté du square. Réalisée en 1975 selon les plans de I.M. Pei, elle compte 60 étages, ce qui en fait le gratte-ciel le plus haut de la Nouvelle-Angleterre.

Boston Public Library ★★★ [4]

entrée libre; lun-jeu 9h à 21h, ven-sam 9h à 17h, dim 13h à 17h; 700 Boylston St., 617-536-5400, www.bpl.org

La façade de la Boston Public Library, la première bibliothèque publique d'envergure aux États-Unis, n'est pas sans rappeler celle de la bibliothèque Sainte-Geneviève à Paris. Cette façade, dotée de multiples fenêtres cintrées à l'étage, peut être mieux appréciée tôt le matin, lorsque mise en valeur par la lumière naturelle du soleil. La bibliothèque renferme près de neuf millions de volumes. On y trouve une importante collection d'incunables, de livres rares et de partitions manuscrites de la main de Mozart.

New Old South Church ★ [5]

angle Dartmouth St. et Boylston St.

Après avoir occupé l'**Old South Meeting House** (voir p. 28) pendant près de deux siècles, la plus influente communauté puritaine de

La façade de la Boston Public Library.

Boston a déménagé ses pénates dans la New Old South Church. Ayant vécu dans l'austérité et les privations durant tout ce temps, la communauté aurait ainsi voulu rattraper le temps perdu en faisant ériger un temple qui est tout le contraire du précédent (1874).

Empruntez Dartmouth Street jusqu'à Newbury Street et tournez à gauche.

Newbury Street ★★ [6]

entre Massachusetts Ave. et Arlington St.

Newbury Street est l'artère commerciale la plus élégante de Boston. Réputée pour ses boutiques haut de gamme, installées à l'intérieur d'anciennes maisons en rangée, elle compte aussi quelques bons restaurants dotés de terrasses. Les amateurs d'antiquités de grande valeur, de bijoux raffinés et de prêtà-porter aux lignes classiques y seront au paradis.

Tournez à droite dans Hereford Street pour atteindre Commonwealth Avenue.

Commonwealth Avenue Mall ★★★ [7]

Épine dorsale de Back Bay, **Commonwealth Avenue** compte en son centre le Commonwealth Avenue Mall, un magnifique parc linéaire abondamment planté, et est bordée de maisons qui rivalisent de luxe et d'élégance. Ses promoteurs bostoniens se sont inspirés des Grands Boulevards parisiens tracés sous le Second Empire. Plusieurs statues disséminées ici et là le long du parc peuvent être admirées.

Burrage House ★ [8]

314 Commonwealth Ave.

Parmi les bâtiments les plus significatifs de Commonweath Avenue, on remarque la Burrage House, érigée en 1899 dans le style de la Renaissance française. De nos jours, cette demeure bourgeoise abrite des appartements de luxe.

Tournez à droite dans Commonwealth Avenue.

First Baptist Church ★ [9]

angle Commonwealth Ave. et Clarendon St.

La First Baptist Church est une œuvre de jeunesse d'Henry Hobson Richardson. Elle possède un clocher fort dépouillé pour l'époque (1870), dont les bas-reliefs, représentant les saints sacrements, ont été réalisés par le célèbre sculpteur français Frédéric Auguste Bartholdi, à qui l'on doit notamment *La Liberté éclairant le monde* de New York et *Le Lion* de Belfort.

Tournez à gauche dans Clarendon Street, puis à droite dans Beacon Street.

Gibson House Museum ★ [10]

9$; visites guidées mer-dim à 13h, 14h et 15h; 137 Beacon St., 617-267-6338, www.thegibsonhouse.org

Après avoir vu toutes ces façades de maisons, on est curieux de savoir ce qui se cache derrière. Le Gibson House Museum nous donne justement l'occasion de pénétrer dans une de ces demeures patriciennes et d'admirer son décor victorien. Construite en 1859 pour l'écrivain, poète et horticulteur Charles Hammond Gibson Jr., la Gibson House est un des plus anciens bâtiments de style Second Empire en Amérique.

Tournez à gauche, du côté opposé à Arlington Street, afin d'accéder au tunnel piétonnier qui permet de passer sous l'Embankment Road pour atteindre le beau parc qui borde la Charles River. Il est recommandé d'éviter d'emprunter ce tunnel la nuit tombée, à moins qu'un concert ne soit présenté dans le parc.

Charles River Reservation [11]

Grand espace vert et bleu, la Charles River Reservation borde la Charles River. De ce parc riverain, on bénéficie de belles vues sur le quartier de Back Bay et les gratte-ciel du quartier des affaires, ainsi que sur l'autre rive, le long de laquelle se déploie le campus du Massachusetts Institute of Technology (MIT). On y trouve la **Hatch Memorial Shell** [12] *(sur l'Esplanade, voir p. 56)*, où sont présentés de fréquents concerts en plein air durant la belle saison.

Cafés et restos

(voir carte p. 51)

India Quality Restaurant $-$$ [17]
484 Commonwealth Ave., 617-267-4499,
www.indiaquality.com

Ce restaurant se spécialise dans la cuisine moghol du nord de l'Inde. Les plats servis le soir au dîner comprennent des joyaux tels que le *chana saagwala* (pois chiches frais, épinards, oignon, gingembre, fines herbes et épices dans une sauce au yogourt frais) et le *korma* (curry) à la noix de coco fraîche.

Steve's Greek Cuisine $-$$ [22]
316 Newbury St., 617-267-1817,
www.stevesgreekcuisine.com

Ce restaurant grec traditionnel, d'exploitation familiale, est devenu une institution du quartier de Back Bay. Les portions sont généreuses, et le personnel est cordial à souhait. Les spécialités de Steve comprennent le potage *avgolemono*, le *spanakopita*, le *shish kebap* et le *gyros*.

Men Tei Noodle House $$ [19]
66 Hereford St., 617-425-0066

Ce minuscule et chaleureux restaurant de nouilles constitue une intéressante solution de rechange aux nombreux restaurants branchés du quartier. Optez sans hésiter pour les *dumplings* maison. Argent comptant seulement.

Brasserie Jo $$-$$$ [13]
The Colonnade Hotel, 120 Huntington Ave.,
617-425-3240, www.brasseriejo.com

Que vous choisissiez de vous installer au bar ou sur une confortable banquette, offrez-vous un tartare (ou une tarte flambée) et couronnez-le d'un assortiment de fromages français. Ou encore laissez-vous tenter par un classique steak frites parisien ou un coq au vin.

Casa Romero $$-$$$ [14]
30 Gloucester St., 617-536-4341,
www.casaromero.com

En quête d'un lieu favorable pour un rendez-vous galant ? Songez à ce romantique restaurant où plats mexicains authentiques, décor rustique et ambiance détendue favorisent les tête-à-tête dans un cadre charmant.

Post 390 $$-$$$$ [20]
406 Stuart St., 617-399-0015,
www.post390restaurant.com

Le Post 390 propose un menu bien loin des habituelles ailes de poulet grasses et bières sans saveur qu'on retrouve généralement dans les pubs américains. On y fait plutôt de belles trouvailles, telles les huîtres croustillantes et le bœuf Stroganoff,

Casa Romero.

que vous pourrez accompagner d'un cocktail ou d'une désaltérante bière de la Nouvelle-Angleterre.

Clio Restaurant $$$-$$$$ [15]

The Eliot Hotel, 370 Commonwealth Ave., 617-536-7200, www.cliorestaurant.com

Pour un repas qui sort de l'ordinaire, essayez ce chic restaurant de l'**Eliot Hotel** (voir p. 124). Ses plats éclectiques, qu'il s'agisse du foie gras laqué ou de l'oursin, ne manquent pas de combler les amateurs d'expériences nouvelles.

Red Lantern $$$-$$$$ [21]

39 Stanhope St., 617-262-3900, www.redlanternboston.com

Vous hésitez entre cuisine chinoise, japonaise, coréenne ou vietnamienne? Alors arrêtez-vous au Red Lantern, dont le menu affiche des délices d'un peu partout en Asie. La décoration est des plus réussies avec ses superbes bouddhas à l'entrée, ses magnifiques lanternes suspendues au plafond et sa cuisine à aire ouverte.

Davio's Northern Italian Steakhouse $$$-$$$$$ [16]

75 Arlington St., 617-357-4810, www.davios.com

Voilà un heureux mariage de l'Italie et des États-Unis: un *steakhouse* à l'italienne! Ceux qui ont envie de *carni* se tourneront vers les viandes grillées tandis que les autres pourront opter pour les pâtes ou les fruits de mer. Savoureux!

L'Espalier $$$$$ [18]

774 Boylston St., 617-262-3023, www.lespalier.com

Bien que de somptueux plats de viande figurent au menu, comme la longe d'agneau rôtie et le canard, L'Espalier élabore aussi certains des meilleurs mets végétariens haut de gamme en ville. Le menu change au gré des saisons et de la disponibilité des produits les plus frais.

Bars et boîtes de nuit *(voir carte p. 51)*

Bukowski Tavern [23]

50 Dalton St., 617-437-9999,
www.bukowskitavern.net

Nommée en l'honneur du célèbre écrivain américain Charles Bukowski, la Bukowski Tavern offre une belle sélection de bières et propose quelques plats simples pour les accompagner, entre autres des hamburgers savoureux. Ambiance décontractée et bonne musique. Autre adresse à Cambridge *(1281 Cambridge St.)*.

Club Café [24]

209 Columbus Ave., 617-536-0966,
www.clubcafe.com

Ce bar gay fort apprécié est réputé comme lieu de rencontre. Il y règne une atmosphère chaleureuse et détendue, et sa clientèle est très variée.

Daisy Buchanan's [25]

240 Newbury St., 617-247-8516,
www.daisybuchanansboston.com

Cet établissement offre un répit des bars et des restaurants huppés de Newbury Street, dans la mesure où des gens tout à fait ordinaires s'y mêlent aux cartes de mode pour prendre un verre et un repas façon pub. Les tables disposées sur le trottoir se prêtent fort bien à l'observation du va-et-vient des passants pendant la belle saison.

Gypsy Bar [26]

droit d'entrée; 116 Boylston St., 617-482-7799,
www.gypsybarboston.com

Ce resto-bar-boîte de nuit branché attire une élite bien mise. Son code vestimentaire est d'ailleurs très strict, de sorte que vous devrez revêtir vos plus beaux atours pour impressionner le portier et avoir une chance de danser toute la nuit au son d'une musique solidement rythmée. La file d'attente commence à se former dès 22h.

Salles de spectacle

(voir carte p. 51)

Berklee Performance Center [27]

136 Massachusetts Ave., 617-747-2261,
www.berkleebpc.com

Filiale du Berklee College of Music, ce lieu de rendez-vous culturel présente au public plus de 200 spectacles chaque année.

Hatch Memorial Shell [28]

The Esplanade, 617-263-1184,
www.hatchshell.com

On présente gratuitement des concerts sur l'Esplanade depuis 1910, et c'est là que vous devez vous rendre pour voir et entendre les Boston Pops, qui s'y produisent quant à eux depuis 1929. La saison s'étend d'avril à octobre, du mercredi au dimanche, et comporte aussi bien des concerts de musique *dance* que de musique pop, rock et jazz. Le vendredi, le Hatch Shell se transforme en cinéma à la tombée de la nuit, alors qu'on y présente les

Hatch Memorial Shell.

Friday Flicks. Étendez-vous directement sur l'herbe, ou apportez une couverture ou une chaise de jardin.

Lèche-vitrine

(voir carte p. 51)

Des boutiques huppées aux commerces branchés, le quartier de Back Bay est l'endroit incontournable pour faire vos achats. Vous y trouverez de tout, des vêtements signés aux disques d'occasion, à l'intérieur des huit quadrilatères de **Newbury Street** *(www.newbury-st.com)* compris entre le Public Garden et Massachusetts Avenue.

Outre la pléthore de magasins et de boutiques qui bordent les rues de ce secteur, le quartier de Back Bay accueille plusieurs centres commerciaux. Le complexe du **Prudential Center** *(www.prudentialcenter.com)* se trouve à l'extrémité ouest de Boylston Street et accueille, parmi plus de 75 magasins et restaurants, Saks Fifth Avenue, Ann Taylor et Gucci, sans oublier le **Skywalk Observatory** (voir p. 86). Ce centre est relié par des passerelles aériennes au Copley Place voisin. Le **Copley Place Mall**, une immense structure située à l'angle des rues Dartmouth et Stuart, abrite également plusieurs des grands noms de la mode, entre autres Dior, Tiffany, Neiman Marcus et Armani, pour ne nommer que ceux-là.

Alimentation

Max Brenner [37]
745 Boylston St., 617-274-1741,
www.maxbrenner.com

En plus d'une boutique où vous pourrez vous procurer du chocolat de qualité, Max Brenner possède un restaurant où vous pourrez casser la croûte et satisfaire votre dent sucrée.

Trader Joe's [42]
899 Boylston St., 617-262-6505, www.traderjoes.com

Vous verrez certainement des Bostoniens se promener avec un sac brun affichant le nom de Trader Joe's. Il s'agit d'une épicerie très populaire à Boston pour son bon choix de produits et ses prix compétitifs. Vous trouverez également des succursales à Cambridge (voir p. 114).

Artisanat et galeries d'art

Les portions de Newbury Street qui s'étendent entre les rues Arlington et Berkeley et entre les rues Clarendon et Exeter sont truffées de galeries exposant les œuvres d'artistes d'envergure locale, nationale et internationale.

Copley Society of Art [32]
158 Newbury St., 617-536-5049, www.copleysociety.org

Cette société à but non lucratif expose et vend des œuvres d'art contemporain signées par des artistes de partout aux États-Unis.

International Poster Gallery [34]
205 Newbury St., 617-375-0076, www.internationalposter.com

Cette galerie d'art se spécialise dans la vente d'affiches anciennes et modernes de tous genres. Vous y trouverez des publicités de la fin du XIXe siècle venant de France, d'Italie, voire de Russie.

The Society of Arts and Crafts [41]
175 Newbury St., 617-266-1810, www.societyofcrafts.org

Ce lieu d'exposition et de vente au détail se spécialise dans l'artisanat contemporain d'Amérique du Nord.

Livres et disques

Newbury Comics [38]
332 Newbury St., 617-236-4930, www.newburycomics.com

Cette chaîne locale plutôt excentrique propose des disques compacts, des t-shirts, des bijoux, des souvenirs et, tout naturellement, des bandes dessinées. Elle possède également une succursale dans le North Market du Faneuil Hall Marketplace et deux autres à Cambridge (voir p. 115).

Trident Booksellers and Cafe [43]
338 Newbury St., 617-267-8688, www.tridentbookscafe.com

Cette populaire librairie-café est confortable et accueillante, et l'on peut y casser la croûte.

Vêtements et accessoires

1154 LILL Studio [29]
220 Newbury St., 617-247-1154, www.1154lill.com

Au 1154 LILL Studio, il est possible de créer son propre sac à main. On choisit son modèle et l'imprimé, et

Life is good.

quelques semaines plus tard on le reçoit à la maison. Les prix varient de 30$ à 200$ selon le modèle, plus les frais d'expédition. Différents accessoires sont également proposés.

Anthropologie [30]
203 Newbury St., 617-262-0545,
www.anthropologie.com

Cette boutique bric-à-brac propose des vêtements, des accessoires et des bijoux pour femmes avec une touche rétro, en plus d'une sélection d'objets pour décorer la maison.

Fossil [33]
359 Newbury St., 617-236-2068, www.fossil.com

Fossil vend les derniers vêtements à la mode, en plus d'offrir un bon choix de montres pour hommes et femmes.

Life is good [35]
285 Newbury St., 617-262-5068,
www.lifeisgood.com

Une bonne raison de faire un achat dans cette boutique qui vend des vêtements de coton décontractés: une partie des profits sert à aider les enfants dont la vie ne correspond pas au nom de l'entreprise.

Lipstick [36]
293 Newbury St., 617-267-6900,
www.lipstick-boutique.com

Lipstick est l'endroit à Back Bay où trouver une jolie robe originale.

Patagonia [39]
346 Newbury St., 617-424-1776

Ce magasin vend toute la gamme des vêtements d'extérieur de qualité de marque Patagonia, pour adultes et enfants.

4 North End, Waterfront et South Boston

À voir, à faire

(voir carte p. 63)

On oublie trop souvent que Boston est située au bord de la mer. Seuls les passagers qui débarquent des paquebots ou qui atterrissent à l'aéroport international, aménagé sur des remblais entourés d'eau, s'en rendent bien compte. Lorsque l'on visite le centre de la ville, il faut en général accéder aux observatoires des gratte-ciel afin d'apercevoir l'océan Atlantique entre les tours modernes. Heureusement qu'il existe des quartiers où l'on peut vraiment s'imprégner de l'âme maritime de Boston : le North End, le Waterfront et South Boston, vus de haut, ont l'air d'une formidable muraille surmontée de créneaux et de merlons, qui sont autant de jetées et de quais s'avançant dans le havre naturel du Boston Harbor, qui s'ouvre sur la Massachusetts Bay.

Le circuit débute dans le quartier de North End, à la sortie de la station Haymarket du T. Longez Congress Street en direction sud jusqu'à Hanover Street.

Union Oyster House ★ [1]
41 Union St., 617-227-2750,
www.unionoysterhouse.com

L'Union Oyster House est bien plus qu'un simple restaurant car l'établissement, connu de tous les Bostoniens, a été fondé dès 1826, ce qui en fait le plus ancien restaurant en ville. À cela, il faut ajouter que le bâtiment qui l'abrite est l'un des plus vieux édifices commerciaux de Boston (avant 1750) et qu'on a vu passer quelques personnages célèbres entre ses murs. L'ancien président

La marquise de l'Union Oyster House.

américain John F. Kennedy y avait d'ailleurs sa table préférée (la table n° 18, en haut), aujourd'hui signalée par une plaque en laiton.

Tournez à droite dans Hanover Street. Franchissez l'ancienne autoroute devenue le Rose Fitzgerald Kennedy Greenway avant de bifurquer à gauche dans Cross Street et à droite dans Salem Street. Vous remarquerez que le Freedom Trail continue par Hanover Street.

Salem Street ★ [2]

entre Cross St. et Charter St.

Salem Street, qui pointe en direction de la ville du même nom, était autrefois au cœur du quartier juif de Boston, comme en témoigne la Jerusalem Place que l'on croise au passage. De nos jours, cette rue étroite sent bon la cuisine italienne, dont les parfums s'évadent par les portes des multiples épiceries et restaurants du voisinage.

Tournez à gauche dans Prince Street. Gravissez Snow Hill Street, où se trouvait autrefois l'enclave afro-américaine de New Guinea (Nouvelle-Guinée), puis tournez à droite dans Charter Street.

Copp's Hill Terrace ★ [3]

entre Charter St. et Commercial St.

Juchée sur Copp's Hill, la Copp's Hill Terrace offre un point de vue privilégié sur le port et la ville voisine qu'est Charlestown, dominée par le **Bunker Hill Monument** (voir p. 99) en forme d'obélisque. La terrasse, dont les épais murs de pierres taillées surplombent Commercial Street, n'est pas sans rappeler un ouvrage fortifié.

Tournez à droite dans Salem Street.

North End, Waterfront et South Boston

À voir, à faire ★

1. BW Union Oyster House
2. BW Salem Street
3. BV Copp's Hill Terrace
4. BV Old North Church
5. BW Hanover Street
6. BW St. Stephen's Church
7. BW Paul Revere House
8. BW Pierce-Hichborn House
9. BX Christopher Columbus Waterfront Park
10. BX New England Aquarium
11. BX Rowes Wharf
12. CY Institute of Contemporary Art
13. AY Boston Children's Museum
14. AY Boston Tea Party Ships and Museum
15. BZ Castle Island
16. BZ Pleasure Bay
17. BZ Fort Independence

Cafés et restos ●

18. BX Chart House Restaurant
19. BW Ernersto's
20. BW Giacomo's
21. BZ Legal Harborside
22. BX Legal Sea Foods
23. BW Mamma Maria
24. BW Neptune Oyster
25. CZ No-Name Restaurant
26. AY Smith & Wollensky
27. BW Taranta
28. BY The Barking Crab
29. BW Union Oyster House

Bars et boîtes de nuit ☽

30. BY Drink
31. AV The Fours

Lèche-vitrine ■

32. BW Bova's Bakery
33. BY LouisBoston
34. BW Haymarket
35. BW Mike's Pastry
36. BW Old North Church Gift Shop
37. BW Salumeria Italiana
38. BW Shake the Tree

Hébergement ▲

39. BX Boston Harbor Hotel at Rowes Wharf
40. CW Fairmont Battery Wharf
41. CW Golden Slipper

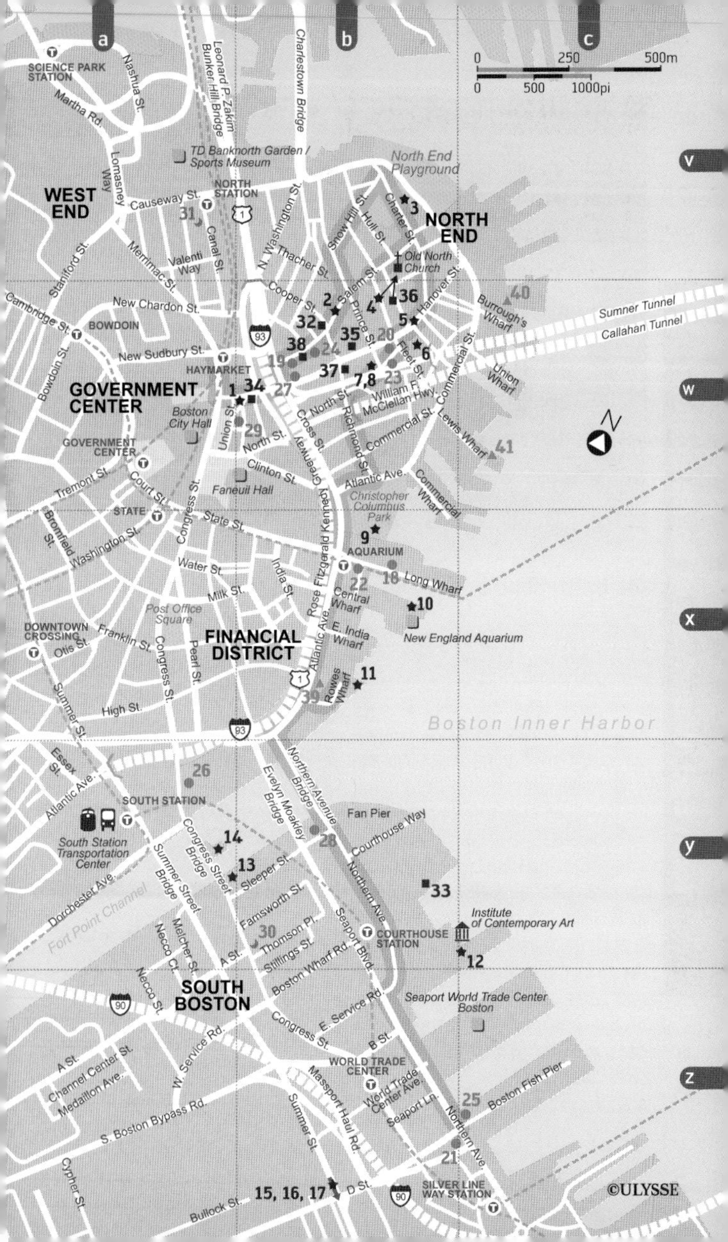
WEST END
GOVERNMENT CENTER
NORTH END
FINANCIAL DISTRICT
SOUTH BOSTON
Boston Inner Harbor
SCIENCE PARK STATION
NORTH STATION
BOWDOIN
HAYMARKET
GOVERNMENT CENTER
STATE
AQUARIUM
DOWNTOWN CROSSING
SOUTH STATION
COURTHOUSE STATION
WORLD TRADE CENTER
SILVER LINE WAY STATION
TD Banknorth Garden / Sports Museum
North End Playground
Old North Church
Boston City Hall
Faneuil Hall
Christopher Columbus Park
Post Office Square
New England Aquarium
South Station Transportation Center
Institute of Contemporary Art
Seaport World Trade Center Boston
Fan Pier
Fort Point Channel
Sumner Tunnel
Callahan Tunnel
Leonard P. Zakim Bunker Hill Bridge
Charlestown Bridge
Rose Fitzgerald Kennedy Greenway
Northern Avenue Bridge
Evelyn Moakley Bridge
Congress Street Bridge
Summer Street Bridge
Long Wharf
Central Wharf
E. India Wharf
Rowes Wharf
Commercial Wharf
Lewis Wharf
Union Wharf
Burrough's Wharf
Boston Fish Pier
0 250 500m
0 500 1000pi
©ULYSSE

Paul Revere House.

Old North Church ★★★ [4]

dons appréciés; juin à oct tlj 9h à 18h, reste de l'année horaire variable; messes dim à 9h et 11h; 193 Salem St., 617-523-6676, www.oldnorth.com

Dans la soirée du 18 avril 1775, le sacristain Robert Newman dispose deux lanternes dans le clocher de l'Old North Church afin de prévenir les Bostoniens de l'arrivée imminente des soldats britanniques par voie de mer. Ce simple geste, accompli de concert avec la célèbre chevauchée de Paul Revere, est considéré comme le point de départ de la guerre de l'Indépendance américaine. C'est pourquoi cette délicate église georgienne occupe une place aussi importante dans les livres d'histoire et dans le cœur des Américains.

Revenez sur vos pas jusqu'à Charter Street, que vous prendrez à droite. Tournez à droite dans Hanover Street.

Hanover Street ★ [5]

Grâce à la communauté italienne, qui en a fait le centre de la Petite Italie, Hanover Street est devenue une artère exubérante au milieu d'une ville plutôt réservée. Les fêtes des principaux saints italiens y sont célébrées dans une atmosphère de carnaval. On trouve le long d'Hanover Street de nombreux cafés, pâtisseries et restaurants italiens qui font le bonheur des Bostoniens et des touristes.

St. Stephen's Church ★★ [6]

entrée libre; tlj 7h30 à 17h; 401 Hanover St., 617-523-1230

Seule église bostonienne de l'architecte Charles Bulfinch encore debout, la St. Stephen's Church a été érigée en 1802 pour un groupe d'unitariens. Elle est devenue catholique en 1862, afin de desservir l'importante communauté irlandaise qui vivait dans

Paul Revere

Les activités politiques de Paul Revere étaient bien connues longtemps avant que quiconque ne pense à la révolution. Il était membre du North Caucus et du Committee of Correspondance. On lui reconnaît ses talents d'organisateur de spectacles, comme celui qu'il diffusa du haut des fenêtres de sa maison, pour l'anniversaire du Boston Massacre.

En plus d'organiser les masses, Revere était un *express rider* (messager rapide) en qui l'on avait confiance. En 1773, il faisait partie des six cavaliers qui livrèrent un message à tous les ports des colonies pour leur interdire l'entrée aux navires transportant le thé, symbole du colonialisme anglais. Quelques semaines plus tard, après sa participation au *Boston Tea Party*, il chevaucha la nuit durant pour annoncer la nouvelle à New York et à Philadelphie. En tout et partout, Revere accumula plusieurs milliers de kilomètres pour la cause patriotique, mais sa plus glorieuse chevauchée fut celle de la nuit du 18 au 19 avril 1775 à Lexington, qui, somme toute, n'est distante que de quelque 30 km.

Parti vers 22h30 le soir du 18 avril 1775, Paul Revere chevaucha de village en village jusqu'à Lexington pour avertir les colons et les patriotes Samuel Adams et John Hancock de l'arrivée imminente des Britanniques, chargés de la destruction de leurs réserves de munitions. Cette chevauchée héroïque permit à Adams et Hancock de se mettre à l'abri des Britanniques qui avaient eu la charge de les arrêter.

le North End au milieu du XIXe siècle. Rose Kennedy, la « matriarche » courageuse et énergique du clan Kennedy, y a été baptisée en 1890. Ses funérailles y ont également été célébrées 105 ans plus tard !

Tournez à gauche dans Fleet Street, puis à droite dans Garden Court afin d'atteindre North Square.

Paul Revere House ★★ [7]
3,50$, visites guidées obligatoires; mi-avr à fin oct tlj 9h30 à 17h15, nov à mi-avr tlj 9h30 à 16h15; 19 North Square, 617-523-2338, www.paulreverehouse.org

Paul Revere s'apprêtait à se mettre au lit lorsqu'il aperçut la lueur des lanternes que Robert Newman avait fixées au clocher de l'Old North Church dans la soirée du 18 avril 1775, afin de prévenir les Bostoniens

1. New England Aquarium.
2. Christopher Columbus Waterfront Park.

de l'arrivée imminente des troupes britanniques. Aussitôt, Revere sortit de chez lui, enfourcha son cheval et partit au galop pour avertir les miliciens révolutionnaires dispersés dans la campagne environnante. Cette chevauchée légendaire fit entrer Paul Revere dans le panthéon américain. Sa maison, où il vivait, a été transformée en musée.

Pierce-Hichborn House ★ [8]

2$; visites guidées sur rendez-vous, départs de la Paul Revere House; 19 North Square, 617-523-2338

La Pierce-Hichborn House, voisine de la maison de Paul Revere, illustre bien l'évolution de l'architecture bostonienne au tournant du XVIIIe siècle, alors qu'on passe directement d'une typologie médiévale à une typologie classique d'inspiration georgienne. Ici la brique a remplacé le bois, la symétrie a succédé au chaos, et un certain prestige a fait taire l'humilité des premiers colons.

Tournez à droite dans North Street, puis à gauche dans Richmond Street. Traversez Commercial Street et Atlantic Avenue aux feux de circulation. Pénétrez dans le Christopher Columbus Waterfront Park. On passe alors du quartier de North End au secteur du Waterfront.

Christopher Columbus Waterfront Park ★★ [9]

en bordure d'Atlantic Avenue

Le Christopher Columbus Waterfront Park, nommé en l'honneur du navigateur Christophe Colomb, fait partie de ces aménagements riverains qui ont permis aux Bostoniens de se réapproprier une partie de leur front de mer. Depuis la promenade du bord de l'eau, on peut apercevoir

le port, l'aéroport international et les gratte-ciel du centre-ville, parmi lesquels figure la tour de la **Custom House** (voir p. 28).

Après une courte marche vers le sud, vous atteindrez le Central Wharf.

New England Aquarium ★★ [10]

23$ adultes, 16$ enfants 3 à 11 ans; fin juin à début sept dim-jeu 9h à 18h, ven-sam 9h à 19h; début sept à fin juin lun-ven 9h à 17h, sam-dim 9h à 18h; 1 Central Wharf, 617-973-5200, www.neaq.org

Le New England Aquarium est l'endroit tout indiqué pour amener les enfants lorsqu'ils sont victimes d'une surdose d'architecture et d'histoire; ils pourront alors s'émerveiller librement devant les manchots, les tortues géantes et les poissons phosphorescents. L'aquarium possède notamment un énorme réservoir cylindrique d'eau salée, haut de trois étages, dans lequel nagent allègrement requins et murènes. On y présente également des spectacles mettant en vedette des otaries.

Poursuivez vers le sud en longeant les quais en direction du Rowes Wharf.

Rowes Wharf ★ [11]

Le Rowes Wharf a été complètement transformé pour accueillir un complexe multifonctionnel comprenant des appartements, des bureaux et un hôtel de grand standing, le **Boston Harbor Hotel** (voir p. 126). Une arche monumentale, au travers de laquelle on aperçoit les gratte-ciel du centre-ville, donne à cet ensemble un caractère grandiose, rarement atteint dans cette ville où tout est sobre et réservé.

Revenez vers Atlantic Avenue afin d'emprunter le Northern Avenue Bridge (pont piétonnier), qui franchit le Fort Point Channel en direction du Seaport District de South Boston, et poursuivez ensuite votre chemin sur Northern Avenue jusqu'au Pier 4.

Institute of Contemporary Art ★★ [12]

15$; mar-mer et sam-dim 10h à 17h, jeu-ven 10h à 21h; 100 Northern Ave., Pier 4, 617-478-3100, www.icaboston.org

Toujours à l'avant-garde de l'art moderne depuis sa fondation en 1936, l'Institute of Contemporary Art occupe son emplacement actuel depuis la fin de 2006. L'édifice, qui consacre le Waterfront comme l'aire revitalisée par excellence de Boston, a été réalisé par Diller, Scofidio & Renfro, un studio interdisciplinaire qui intègre l'architecture, les arts plastiques et les arts scéniques, lauréat de nombreux prix. Au quatrième étage, la Founders Gallery est unique en son genre; la salle suspendue en porte-à-faux se prolonge au-dessus du quai. Ce cantilever offre une vue dramatique et sans horizon de 180° du port de Boston vers le nord.

Tournez à gauche dans Sleeper Street, puis à droite dans Congress Street.

Boston Children's Museum [13]

12$ adultes et enfants de 1 an et plus; sam-jeu 10h à 17h, ven 10h à 21h; 308 Congress St., 617-426-6500, www.bostonchildrensmuseum.org

Premier musée à avoir développé l'interactivité entre expositions et visiteurs au début des années 1970, le Boston Children's Museum compte près de 20 espaces interactifs destinés à instruire et distraire les bambins âgés de 1 à 10 ans.

Enjambez de nouveau le Fort Point Channel en empruntant le Congress Street Bridge.

Boston Tea Party Ships and Museum ★ [14]

22,50$; tlj 9h à 17h; près du Congress Street Bridge, 617-338-1773, www.bostonteapartyship.com

Si les expositions du Children's Museum n'ont pas complètement épuisé les enfants... et leurs parents, il reste le Boston Tea Party Ships and Museum. Complètement rénové en 2012, le musée a doublé de superficie et compte de nouvelles acquisitions. Il propose désormais les répliques des trois bateaux anglais qui étaient chargés de transporter les denrées de la British East India Company Tea, soit le *Beaver*, l'*Eleanor* et le *Dartmouth*. Le musée attenant présente toujours des objets associés au *Boston Tea Party*. Cet événement, qui n'a rien à voir avec l'heure du thé, s'est produit le 16 décembre 1773, alors que des colons de la Nouvelle-Angleterre, découragés par l'injustice de la Grande-Bretagne à leur égard, sont montés à bord de ces trois navires britanniques afin de balancer par-dessus bord leur cargaison de thé anglais. En tout, 342 ballots de thé vinrent colorer les eaux du port. On peut d'ailleurs voir au musée l'un des deux derniers ballots de thé à avoir survécu à l'événement. Pour les fervents d'histoire américaine.

Boston Tea Party Ships and Museum.

Empruntez Summer Street en direction sud, puis tournez à gauche dans East First Street pour vous rendre à Pleasure Bay.

Castle Island [15]

Castle Island est un endroit où les Bostoniens viennent pratiquer des activités de plein air par les belles journées estivales. On peut y marcher, pêcher, pique-niquer et même s'y baigner à **Pleasure Bay** [16], qui porte bien son nom (la baie du plaisir).

Fort Independence ★ [17]

entrée libre; mai à oct sam-dim 12h à 15h30;
Castle Island Park, 617-268-8870

L'extrémité est de Pleasure Bay est dominée par le Fort Independence de Castle Island. Il s'agit d'un ouvrage bastionné en granit, de forme pentagonale, érigé entre 1834 et 1851. Le fort, d'abord destiné à garder l'entrée du port de Boston, a servi de camp d'entraînement et d'internement lors de la guerre de Sécession.

Cafés et restos

(voir carte p. 63)

Ernersto's $ [19]

69 Salem St., 617-523-1373,
www.ernestosnorthend.com

Selon plusieurs Bostoniens, Ernesto's fait la meilleure pizza en ville. Vaste choix de garnitures.

Giacomo's $$ [20]

355 Hanover St., 617-523-9026
431 Columbus Ave., 617-536-5723

Il faudra malheureusement vous attendre à faire la file chez Giacomo's si vous n'avez pas réservé, car ce petit restaurant italien (il ne compte que quelques tables) est l'un des plus appréciés du North End (et du South End).

No-Name Restaurant $$ [25]

15½ Fish Pier, 617-338-7539,
www.nonamerestaurant.com

Ce restaurant sans façon est l'établissement tout indiqué pour déguster des fruits de mer frais à prix imbattables. Le No-Name appartient à la même famille depuis 1917. Essayez la chaudrée de fruits de mer, qui varie au gré des arrivages quotidiens.

The Barking Crab $$ [28]

88 Sleeper St., 617-426-2722,
www.barkingcrab.com

Chaleureux et peu coûteux, ce modeste restaurant représente

une bonne solution de rechange aux établissements pour la plupart huppés du Waterfront. Les poissons et fruits de mer frais, apprêtés en toute simplicité, expliquent sans détour son indéniable popularité.

Legal Harborside **$$-$$$** [21]
270 Northern Ave., Liberty Wharf,
617-477-2900, www.legalseafoods.com

Dernier-né de la chaîne Legal Sea Foods, le Legal Harborside s'étend sur trois étages, chacun avec son ambiance propre. Bonne sélection d'huîtres qui varie selon les arrivages.

Huîtres au Legal Harborside.

Legal Sea Foods **$$$** [22]
255 State St., 617-742-5300,
www.legalseafoods.com

Installé sur le Long Wharf près du New England Aquarium, cet établissement de la populaire chaîne Legal Sea Foods offre une vue sur la mer. Le menu comporte aussi bien des classiques de la Nouvelle-Angleterre, comme le homard cuit à la vapeur, que des plats d'influence asiatique.

Union Oyster House **$$$** [29]
41 Union St., 617-227-2750,
www.unionoysterhouse.com

Ce restaurant serait le plus ancien des États-Unis (voir p. 60). Il comptait parmi les grands favoris de John F. Kennedy. Surtout connu pour ses huîtres, il a également comme spécialités diverses assiettes de fruits de mer, l'espadon et la chaudrée.

Mamma Maria
$$$-$$$$ [23]
3 North Square, 617-523-0077,
www.mammamaria.com

Les tables privées et la lumière tamisée de ce restaurant italien en font un rendez-vous romantique. Essayez le filet de bœuf au foie gras ou les pâtes au homard, ou encore grignotez simplement des antipasti au bar intime.

Smith & Wollensky
$$$-$$$$ [26]
294 Congress St., 617-778-2200,
www.smithandwollensky.com

Smith & Wollensky compte parmi ses spécialités un excellent thon cru présenté en tranches sur un bloc de sel himalayen, ce qui donne un goût salé plus naturel ainsi qu'un petit côté plus craquant au poisson. Le service est impeccable et le décor bien agencé. Terrasse en été.

La chaudrée de palourdes de la Nouvelle-Angleterre (New England clam chowder)

La *clam chowder* (on prononce «chowdah» à Boston) de la Nouvelle-Angleterre est un riche potage crémeux gorgé de palourdes. Elle ne doit pas être confondue avec sa cousine plus urbaine, à savoir le potage à base de tomate qu'est la chaudrée de palourdes dite de Manhattan.

Bien que les origines exactes de la chaudrée demeurent incertaines, on s'entend généralement pour dire qu'il s'agissait au départ d'un repas de marin. Les trois principaux ingrédients des premières chaudrées – poisson, lard salé et biscuits de ration – constituaient les aliments de base sur les navires qui parcouraient les océans. La première référence écrite à la chaudrée date de 1732, et en 1751 le *Boston Evening Post* a publié, sous forme de poème, la plus vieille recette connue de chaudrée. Or, si les chaudrées des premiers jours étaient à base de poisson, la palourde commença à remplacer ce dernier dans les années 1850, et l'on sait que la chaudrée de palourdes jouissait déjà d'une grande popularité dès le début du XXe siècle.

Aujourd'hui, le moindre restaurant de fruits de mer digne de ce nom (et bien d'autres qui ne le sont pas) sert une version ou une autre de ce classique de la Nouvelle-Angleterre. Notez cependant que le parfait bol de chaudrée, ou *copechowdah* dans le jargon local, contient un potage crémeux sans être épais dans lequel baignent des palourdes bien tendres.

Neptune Oyster ***$$$-$$$$$*** [24]
63 Salem St., 617-742-3474,
www.neptuneoyster.com

Comme son nom l'indique, on vient surtout chez Neptune Oyster pour les huîtres, mais son menu comporte aussi d'autres plats de fruits de mer, tous excellents. Les réservations ne sont pas acceptées.

Chart House Restaurant ***$$$$*** [18]
60 Long Wharf, 617-227-1576,
www.chart-house.com

Ce restaurant est situé dans un entrepôt historique du XVIIIe siècle à l'intérieur du Gardner Building. Le menu se compose surtout de fruits de mer et de poissons apprêtés de toutes les façons. Crabe de l'Alaska

Salumeria Italiana.

et espadon font entre autres partie des mets proposés.

Taranta $$$$-$$$$$ [27]
210 Hanover St., 617-720-0052

Fusionnant les cuisines péruvienne et italienne, Taranta semble bien original à côté de tous ces restaurants italiens classiques du North End. Les prix peuvent sembler prohibitifs, mais la qualité est au rendez-vous.

Bars et boîtes de nuit

(voir carte p. 63)

Drink [30]
348 Congress St., 617-695-1806, www.drinkfortpoint.com

Comme son nom l'indique, Drink est l'endroit où aller pour boire un verre. Ici, on ne se fait pas servir par de simples barmans, mais bien par des « maîtres de la mixologie ». Choisissez parmi le vaste choix de cocktails ou, encore mieux, laissez-vous guider par les conseils du personnel.

The Fours [31]
166 Canal St., 617-720-4455, www.thefours.com

Ce resto-bar sportif est truffé d'articles reliés aux équipes bostoniennes et dispose d'une batterie de téléviseurs qui diffusent des matchs de partout à travers le monde.

Lèche-vitrine

(voir carte p. 63)

Le North End correspond au quartier italien de Boston. Ses rues étroites et sinueuses regorgent d'épiceries, de boulangeries et de magasins de viandes et de fromages importés.

Le Waterfront et South Boston suscitent moins d'intérêt pour le *shopping*, mais on y trouve tout de même quelques boutiques.

Alimentation

Bova's Bakery [32]

24h sur 24; 134 Salem St., 617-523-5601, www.bovabakeryboston.com

Vous pourrez vous procurer des pâtisseries et des biscuits italiens de même que de la pizza et des calzones dans cette institution culinaire locale. Le commerce est exploité par la même famille depuis trois générations.

Haymarket [34]

ven-sam; angle Hanover St. et Blackstone St.

Ce marché extérieur de fruits et légumes est l'occasion d'une merveilleuse expérience sensorielle. Les marchands annoncent leurs produits à grands cris, et les clients se bousculent pour accéder aux différents comptoirs. Pour un casse-croûte rapide à petit prix, songez à vous procurer une pointe de ce qui, selon certains, serait la meilleure pizza en ville, chez Haymarket Pizza *(106 Blackstone St.)*, à côté du marché.

Mike's Pastry [35]

300 Hanover St., 617-742-3050, www.mikespastry.com

Cette pâtisserie est un lieu de rendez-vous populaire où les Bostoniens se retrouvent après le travail. On vient y prendre un café accompagné d'une biscotte ou d'un macaron, ou tout simplement pour acheter un dessert qu'on rapporte à la maison.

Salumeria Italiana [37]

151 Richmond St., 617-523-8743, www.salumeriaitaliana.com

Ce *deli* italien s'entoure d'une aura on ne peut plus européenne. Il déborde de charcuteries, de fromages frais, d'olives, de pâtes importées, de condiments, de sucreries et d'une grande variété de pains maison.

Souvenirs et cadeaux

Old North Church Gift Shop [36]

193 Salem St., 617-523-4848, www.oldnorth.com

L'Old North Church a été construite en 1723 et continue à ce jour d'accueillir la communauté épiscopalienne du coin. La boutique installée dans la chapelle attenante offre quant à elle un bon choix de livres et de souvenirs de Boston.

Vêtements et accessoires

LouisBoston [33]

60 Northern Ave., 617-262-6100, www.louisboston.com

LouisBoston est une boutique de luxe qui vend des vêtements pour elle et lui.

Shake the Tree [38]

67 Salem St., 617-742-0484, www.shakethetreeboston.com

Sacs à main, bijoux, vêtements, accessoires de maison... on voudrait tout acheter tant les couleurs et les designs sont jolis!

5 Theatre District, Chinatown et South End

À voir, à faire

(voir carte p. 77)

Après avoir parcouru les quartiers les plus visités de Boston grâce aux quatre premiers circuits, pourquoi ne pas sortir des sentiers battus ? Le présent circuit propose un trajet à travers les secteurs où vit et travaille le Bostonien de tous les jours. Ces quartiers, moins prisés des touristes, plus permissifs en ce qui a trait au zonage, donc moins parfaits, présentent néanmoins un intérêt indéniable pour le visiteur curieux.

Le circuit débute à la sortie de la station Downtown Crossing du T, angle Winter Street et Washington Street.

Downtown Crossing ★ [1]

Washington Street [2] est considérée comme la plus importante artère commerciale du centre de Boston. Ses intersections avec Summer Street et Winter Street forment un carrefour très achalandé appelé Downtown Crossing, où sont regroupés des dizaines de boutiques de même que quelques grands magasins. Une portion des trois rues a été transformée en mail piétonnier (1979) fréquenté par de nombreux marchands ambulants. On évitera cependant de s'y promener seul après la fermeture des magasins.

Downtown Crossing.

Orpheum Theater ★ [3]
Hamilton Place, accès par Winter St., 617-679-0810

Les impasses de Boston recèlent plusieurs secrets. Par exemple, au fond d'Hamilton Place, se cache l'Orpheum Theater, première salle de concerts du Boston Symphony Orchestra, érigée dès 1852. Tchaïkovski en personne y a joué, en première mondiale, son célèbre *Concerto* pour piano no 1 en 1875, et Oscar Wilde y a présenté ses premières créations théâtrales en 1892.

Boston Opera House ★ [4]
539 Washington St., www.bostonoperahouse.com

Le Boston Opera House, dont le splendide intérieur néobaroque a été dessiné en 1928 par le champion des décorateurs de salles de cinéma nord-américaines, Thomas Lamb, marque l'entrée du Theatre District, où sont regroupés une douzaine de cinémas et de théâtres majeurs qui ont fait les beaux jours de la vie culturelle en Nouvelle-Angleterre.

Tournez à droite dans Boylston Street.

Colonial Theatre ★★ [5]
106 Boylston St., 617-482-9393, www.bostonscolonialtheatre.com

Le Colonial Theatre est sans contredit la plus élégante salle de spectacle de toute la ville. Son foyer de style Louis XV, d'un luxe inouï, est orné à profusion de dorures et de toiles marouflées. Il faut toutefois noter qu'on ne devine rien de tout cela de l'extérieur.

Theatre District, Chinatown et South End

À voir, à faire ★

1. AV Downtown Crossing
2. BX Washington Street
3. AV Orpheum Theater
4. AV Boston Opera House
5. AW Colonial Theater
6. AW Lieu de naissance de l'écrivain Edgar Allan Poe
7. BW Cutler Majestic Theatre
8. BW Wilbur Theatre
9. BW Citi Performing Arts Center/ Shubert Theatre
10. BW Wang Theatre
11. BV Chinatown Gate
12. BV Beach Street
13. BV Tyler Street
14. BX Boston Center for the Arts
15. BY Union Park Square
16. AZ Rutland Square

Cafés et restos ●

17. BY Addis Red Sea
18. BV Andale
19. BY Aquitaine
20. BY B&G Oysters
21. BV Empire Garden
22. CY Gaslight, Brasserie du Coin
23. BV Gourmet Dumpling House
24. BY Hamersley's Bistro
25. BV Les Zygomates
26. BW Market Boston
27. BY Metropolis Cafe
28. CV o ya
29. BW Penang
30. BV Pho Pasteur
31. BY The Butcher Shop
32. CZ Toro
33. BV Xinh Xinh

Bars et boîtes de nuit ☽

34. BW Venu

Salles de spectacle ♦

35. BX Boston Center for the Arts
36. BW Citi Performing Arts Center
37. AW Colonial Theatre
38. AW Cutler Majestic Theatre
39. AW Emerson Stage
40. AV Orpheum Theatre

Lèche-vitrine ■

41. CX Bobby from Boston
42. AV Brattle Book Shop
43. BV Downtown Crossing
44. CX GALVIN-ized Headwear
45. CX Gurari Collections
46. CX SoWa Open Market
47. AV Toppers

Hébergement ▲

48. AY Clarendon Square Inn
49. BZ Encore Bed & Breakfast
50. BW Hostelling International Boston
51. AW The Boston Park Plaza Hotel & Towers
52. BX The Chandler Inn Hotel
53. BW W Boston

CHINATOWN
THEATRE DISTRICT
SOUTH END
DOWNTOWN CROSSING
PARK STREET
SOUTH STATION
BOYLSTON
CHINATOWN
NEW ENGLAND MEDICAL CENTER
ARLINGTON
HERALD STREET
EAST BERKELEY STREET
COPLEY
BACK BAY
UNION PARK STREET
NEWTON STREET
WORCESTER SQUARE
MASSACHUSETTS AVENUE
Boston Common
Public Garden
Copley Square
Boston Center for the Arts
Union Park Square
Blackstone Square
Franklin Square
Peters Park
Lester Rotch Playground
Christian Science Church Park
Boston Medical Ctr-Harrison Campus
Fort Point Channel
Broadway Bridge
Hamilton Pl.
Park St.
Winter St.
Summer St.
Essex St.
Tufts St.
Beach St.
Atlantic Ave.
South St.
Purchase St.
Bedford St.
Kingston St.
Chauncy St.
Avenue de Lafayette
West St.
Mason St.
Avery St.
Tremont St.
Beacon St.
Joy St.
Ping on St.
Oxford St.
Kneeland St.
Tyler St.
Hudson St.
Albany St.
Harvard St.
Lagrange St.
Stuart St.
Charles St.
Tai Tung St.
Nassau St.
Oak St.
Pine St.
Harrison Ave.
Shawmut Ave.
Park Plaza
Church St.
Piedmont St.
Winchester St.
Melrose St.
Fayette St.
Public Alley 437
Public Alley 438
Boylston St.
Providence St.
Arlington St.
Isabella St.
Berkeley St.
Herald St.
WM Mullins Way
Washington St.
Traveler St.
Thayer St.
Perry St.
Randolph St.
Clarendon St.
Stanhope St.
Chandler St.
Lawrence St.
Appleton St.
Gray St.
Dwight St.
Milford St.
Hanson St.
Savoy St.
Rollins St.
Waltham St.
Dartmouth St.
Union Park St.
Malden St.
Wareham St.
Plympton St.
E. Dedham St.
E. Canton St.
E. Brookline St.
E. Newton St.
Public Alley 701
Yarmouth St.
W. Canton St.
W. Dedham St.
Warren Ave.
Montgomery St.
Huntington Ave.
Garrison St.
Holyoke St.
Follen St.
Braddock Park
Pembroke St.
Newland St.
W. Newton St.
Durham St.
Rutland Square
Rutland St.
Cumberland St.
Concord Square
Concord St.
Columbus Ave.
Blackwood St.
Claremont St.
Worcester St.
Public Alley 404
Albemarle St.
W. Springfield St.
Massachusetts Ave.
Northampton St.
0 250 500m
0 750 1500pi
©ULYSSE

Cutler Majestic Theatre.

Un peu plus loin se trouve la plaque qui marque le **lieu de naissance de l'écrivain Edgar Allan Poe** [6] (1809-1849) *(angle Boylston St. et Edgar Allan Poe Place)*. Fils d'acteurs miséreux, David et Betty Poe, l'auteur de *La Chute de la Maison Usher* et du *Scarabée d'or* reviendra souvent à Boston au cours de sa vie tumultueuse.

Tournez à gauche dans Charles Street, puis de nouveau à gauche dans Stuart Street.

Cutler Majestic Theatre ★ [7]

219 Tremont St., 617-824-8000, www.maj.org

À l'angle de Tremont Street, on peut voir la belle façade en terre cuite beige du Cutler Majestic Theatre. Ce théâtre de 1 200 places est réputé pour son acoustique. On aperçoit aussi dans les environs le **Wilbur Theatre** [8] *(246 Tremont St, 617-931-2000, thewilburtheatre.com)*, construit en 1914 dans le style Federal Revival.

Citi Performing Arts Center ★★ [9]

617-482-9393, www.citicenter.org

Le Citi Performing Arts Center comprend le Cutler Majestic Theatre (voir ci-dessus) et deux théâtres qui se font face, le **Shubert Theatre** *(265 Tremont St.)* et le **Wang Theatre** [10] *(270 Tremont St.)*, installé dans l'ancien Metropolitan Theatre. Cette vaste salle multifonctionnelle de plus de 3 600 places, précédée d'un foyer haut de cinq étages, dont le style s'inspire du Palais Garnier à Paris, et de quatre vestibules revêtus à profusion de marbres et de dorures, illustre à merveille la vigueur de la vie culturelle à Boston dans l'entre-deux-guerres.

Traversez Tremont Street afin d'emprunter Stuart Street, qui prend ensuite le nom de Kneeland Street. Tournez à gauche dans Harrison Avenue afin de pénétrer au cœur du Chinatown.

Chinatown ★ [11]
délimité par Washington St., Essex St., Kneeland St. et Purchase St.

Le Chinatown a cette allure à la fois mystérieuse et bon enfant qu'ont tous les quartiers chinois du monde entier. Les restaurants et les boutiques de produits exotiques s'agglutinent le long de venelles étroites et sinueuses, fréquentées par les personnes âgées du quartier en semaine et par les familles d'origine chinoise venues des quatre coins de la ville pendant les fins de semaine et les jours fériés.

Tournez à droite dans Beach Street, à l'extrémité de laquelle vous apercevrez le Chinatown Gate, un portail d'accueil de style traditionnel chinois, gardé par des lions sculptés.

Beach Street [12] est une artère animée du Chinatown. De nombreux restaurants et boutiques s'y succèdent, et les appétissantes odeurs qui s'en dégagent mettent l'eau à la bouche.

Revenez sur vos pas, puis tournez à droite dans Tyler Street.

Tyler Street [13] *(entre Beach St. et Kneeland St.)* regroupe plusieurs institutions du Chinatown, dont la Lee Family Association (1927) et l'ancien restaurant The Good Earth, nommé d'après le titre d'un roman de Pearl Buck. Le Tai-Tung Village (1973), plus au sud, figure parmi les premiers efforts de revitalisation dans le secteur.

Continuez par Tyler Street jusqu'au bout, puis tournez à droite dans Oak Street. Empruntez Tremont Street vers la gauche.

South End ★★

À l'instar du quartier de **Back Bay** (voir p. 49), le quartier résidentiel de South End a été aménagé sur des remblais considérables mis en place dans la seconde moitié du XIXe siècle. Il n'a pas l'admirable cohésion du quartier de Back Bay, mais n'en demeure pas moins un lieu de découvertes charmantes. Avec ses nombreux restaurants, cafés et boutiques qui bordent la rue Tremont et la communauté gay qui y est très présente, c'est un quartier grouillant de vie et très agréable à visiter.

Boston Center for the Arts ★★ [14]
539 Tremont St., 617-426-5000, www.bcaonline.org

Le Boston Center for the Arts est la principale institution culturelle du South End. Il regroupe plusieurs organisations diffusant l'art sous toutes ses formes et présente des expositions d'art contemporain et des spectacles variés. L'édifice principal de l'institution occupe une ancienne rotonde construite en 1884 pour accueillir un immense cyclorama de 120 m sur 15 m, intitulée *The Battle of Gettysburg*.

Tournez à gauche dans Union Park Street.

Union Park Square ★★ [15]

Au fur et à mesure que l'on s'avance dans Union Park Street, le joli Union Park Square se révèle au regard. Les façades hybrides des maisons, où se marient allègrement éléments Federal et victoriens, servent de cadre au square de forme ovale, abondamment planté et orné d'une fontaine.

Continuez par Union Park Street et tournez à droite dans Washington Street. Tournez ensuite à droite dans Rutland Street pour rejoindre Rutland Square, situé entre Tremont Street et Columbus Avenue.

Rutland Square ★ [16]

Rutland Square est un autre de ces espaces très *British* du South End. D'autant plus qu'on aperçoit, au travers des branches de ses grands arbres, le clocher d'une église de style néogothique qui n'est pas sans évoquer les villages anglais.

Cafés et restos

(voir carte p. 77)

Andale $ [18]
125 Summer St., 617-737-2820,
www.andaleboston.com

Ce petit comptoir prépare des mets mexicains à manger sur place ou à emporter. Vous pouvez les déguster assis à l'un des tabourets à l'intérieur ou encore, durant la belle saison, attablé à la terrasse située juste devant.

Empire Garden $-$$ [21]
690 Washington St., 617-482-8898,
www.empiregardenboston.com

Lorsqu'on entre à l'Emperor's Garden pour la première fois, on ne se doute pas de ce qui nous attend à l'intérieur : une magnifique salle à manger qui comporte une coupole tout en dorure. Le menu affiche les classiques de la cuisine chinoise.

Gourmet Dumpling House $-$$ [23]
52 Beach St., 617-338-6223,
www.gourmetdumpling.com

Le menu comporte plus de 200 plats, tous plus succulents les uns que les autres. Mais comme il s'agit de la Gourmet Dumpling House, il faut goûter à ces délicieux petits chaussons fourrés de porc, de poulet, de crabe ou de légumes que sont les *dumplings*. Un vrai régal !

Penang $-$$ [29]
685 Washington St., 617-451-6372,
www.penangboston.com

Penang élabore une authentique cuisine malaise aux accents chinois, indiens et thaïlandais dans un décor tropical. Si le piment fort qui entre dans la composition des plats vous donne du fil à retordre, n'hésitez pas à arroser le tout de jus de litchi.

The Butcher Shop.

Pho Pasteur $-$$ [30]
682 Washington St., 617-482-7467, www.phopasteurboston.net

Produits frais, vaste choix de mets vietnamiens et prix raisonnables : voilà bien une combinaison gagnante. Le plat fétiche du restaurant, le *pho*, consiste en un bouillon léger et savoureux gorgé de nouilles de riz ou aux œufs, de coriandre, d'échalotes, de germes de soja et de bœuf, de poisson ou de poulet.

The Butcher Shop $-$$ [31]
552 Tremont St., 617-423-4800, www.thebutchershopboston.com

Envie de grignoter un peu en prenant un verre ? Le menu du Butcher Shop affiche charcuteries, terrines et pâtés (comme son nom l'indique, on est tout de même dans une boucherie !) que vous pourrez accompagner d'un verre de vin dont la sélection est remarquable.

Xinh Xinh $-$$ [33]
7 Beach St., 617-422-0501

Ce petit restaurant sert de l'authentique cuisine vietnamienne et chinoise. Ne manquez pas d'y commander le *pho*, un incontournable de la gastronomie du Vietnam.

Metropolis Cafe $-$$$ [27]
584 Tremont St., 617-247-2931, www.metropolisboston.com

Très agréable pour le repas du soir, le Metropolis Cafe est surtout populaire pour ses brunchs de la fin de semaine. Il faut parfois faire la file, mais que ne ferait-on pas pour un délicieux repas servi par un personnel sympathique dans un charmant décor ?

Aquitaine.

Addis Red Sea ***$$*** [17]
544 Tremont St., 617-426-8727,
www.addisredsea.com

L'Addis Red Sea propose des mets éthiopiens à partager que l'on mange avec sa main droite. On se sert de l'*injera*, le pain éthiopien, pour saisir sa nourriture. Bien qu'il loge au sous-sol, le restaurant est agréable, et les lumières tamisées sont propices aux rapprochements.

Gaslight, Brasserie du Coin ***$$*** [22]
560 Harrison Ave., 617-422-0224,
www.gaslight560.com

Le Gaslight s'inspire des grandes brasseries parisiennes. Du grand bar en zinc au menu qui reprend les classiques français en passant par les serveurs, tout y est pour s'imaginer dans la Ville lumière. Il n'y manque que la langue de Molière.

Toro ***$$-$$$*** [32]
1704 Washington St., angle E. Springfield St.,
617-536-4300, www.toro-restaurant.com

Dans ce bar à tapas, on prépare une cuisine espagnole tout à fait traditionnelle et exquise. Les tapas sont ces bouchées que les Espagnols mangent surtout en après-midi, au bar, mais finissent par en faire leur repas. C'est ce que les habitués du South End font ici, ce qui permet de goûter à plusieurs spécialités de l'Espagne.

Aquitaine ***$$$-$$$$*** [19]
569 Tremont St., 617-424-8577,
www.aquitaineboston.com

L'Aquitaine, qui a remporté plusieurs prix pour sa cuisine innovatrice, s'inspire des bistros de quartier de Paris. Le chef-propriétaire, Seth Woods, prépare une cuisine française traditionnelle mais inventive. Venez-y le samedi ou dimanche matin afin de goûter au délicieux brunch à prix fixe.

B&G Oysters $$$$ [20]
550 Tremont St., 617-423-0550,
www.bandgoysters.com

Ce « bar à huîtres » offre une douzaine de types d'huîtres provenant autant de la Côte Est que de la Côte Ouest américaine, ainsi que plusieurs autres plats de fruits de mer. Belle terrasse verdoyante (chauffée au besoin), accessible de mai à septembre.

Hamersley's Bistro $$$$ [24]
553 Tremont St., 617-423-2700,
www.hamersleysbistro.com

Ce bistro à la française, sur lequel on ne tarit plus d'éloges, fait honneur à sa réputation, dans la mesure où ici la nourriture et le service sont hors pair. La cuisine est par ailleurs à aire ouverte, si bien que vous pourrez observer le chef-propriétaire Gordon Hamersley aux fourneaux tandis que vous siroterez l'un des vins soigneusement sélectionnés par son épouse Fiona.

Les Zygomates $$$$ [25]
129 South St., 617-542-5108,
www.winebar.com

Les Zygomates propose une sélection notable de vins de toutes les parties du monde (tout en accordant la préférence aux crus français) et organise des dégustations de vin. On pourra y savourer entre autres des huîtres, du homard et des palourdes, accompagnés d'un verre de pétillant ou de vin blanc choisi parmi la belle sélection de la cave de l'établissement.

Market Boston $$$$-$$$$$ [26]
W Boston, 100 Stuart St., 617-310-6790,
www.marketbyjgboston.com

Cette table gastronomique propose une nouvelle cuisine américaine dont vous vous souviendrez. Le menu est plutôt restreint, mais vous aurez tout de même de la difficulté à faire un choix tant tout semble délicieux. Service attentif.

o ya $$$$$ [28]
9 East St., 617-654-9900,
www.oyarestaurantboston.com

Sans doute l'un des meilleurs restaurants japonais de Boston, o ya est une expérience en soi. Le menu affiche des mets raffinés tels l'oursin et le *wagyu*, ce bœuf japonais d'une tendreté sans égale. Les plats sont servis en petites portions, il faut donc en commander plusieurs : l'expérience n'en sera que plus mémorable.

Bars et boîtes de nuit

(voir carte p. 77)

Venu [34]
droit d'entrée; mar, ven et sam;
100 Warrenton St., 617-338-8061,
www.venuboston.com

C'est ici que le tout Boston se rassemble pour se reluquer et entendre certains des meilleurs DJ de la ville. La piste de danse vibre sans relâche et ne dérougit pas.

Salles de spectacle

(voir carte p. 77)

Boston Center for the Arts [35]

539 Tremont St., 617-426-5000, www.bcaonline.org

Le **Boston Center for the Arts** (voir p. 79) abrite six théâtres, une galerie d'art ainsi que de nombreux studios d'artistes et espaces polyvalents, sans oublier une rotonde pouvant accueillir plus de 1 000 personnes.

Citi Performing Arts Center [36]

270 Tremont St., 617-482-9393, www.citicenter.org

Le **Citi Performing Arts Center** (voir p. 78), avec son Cutler Majestic Theatre, son Wang Theatre et son Shubert Theatre, s'impose comme le plus grand centre d'art de la ville. Il présente des pièces de théâtre, des concerts et, à l'occasion, des films.

Colonial Theatre [37]

106 Boylston St., 617-426-9393, www.bostonscolonialtheatre.com

Élément vital de la vie théâtrale à Boston, le Colonial présente des pièces de Broadway ainsi que d'autres spectacles en tournée. Son opulente salle arbore des murs lambrissés de bois, des colonnes de marbre et des balustrades recouvertes de velours.

Cutler Majestic Theatre [38]

219 Tremont St., 617-824-8000, www.maj.org

Le **Cutler Majestic** (voir p. 78) a été conçu pour présenter de l'opéra. Construit sans colonnes, il offre un espace à la visibilité et à l'acoustique remarquables.

Emerson Stage [39]

10 Boyston St., 617-824-8369, www.emerson.edu/emersonstage

L'Emerson est une annexe du Cutler Majestic Theatre (voir ci-dessus).

Orpheum Theatre [40]

1 Hamilton Pl., 617-482-0106

L'orchestre symphonique de Boston a fait ses débuts à l'**Orpheum Theatre** (voir p. 75). Aujourd'hui cette salle à l'ancienne invite plutôt des formations rock de renom à venir jouer sur sa scène.

Lèche-vitrine

(voir carte p. 77)

Le **Downtown Crossing** *(www.downtowncrossing.org)*, zone commerciale par excellence du centre-ville, s'agrémente de bancs et de kiosques de marchands ambulants. À proximité des grands magasins (entre autres Macy's et Marshalls), vous trouverez des comptoirs de rue et toute la gamme des magasins à succursales multiples.

Brattle Book Shop.

Antiquités

SoWa Open Market [46]
540 Harrison St., 800-403-8305,
www.sowaopenmarket.com
Tous les dimanches du début de mai à la fin d'octobre, ce grand bazar se déroule à l'extérieur dans le stationnement ainsi qu'à l'intérieur d'un grand hangar qui accueillait jadis les trolleys de Boston. Livres, vêtements, nourriture, artisanat, antiquités... vous trouverez certainement de quoi vous satisfaire.

Artisanat et galeries d'art

Gurari Collections [45]
460 Harrison Ave., 617-367-9800,
www.gurari.com
Gurari Collections se spécialise dans les eaux-fortes, les gravures et les croquis du XVIIe au XXe siècle, de même que dans les œuvres d'artistes contemporains, aussi bien européens qu'américains, férus de thèmes historiques.

Livres et disques

Brattle Book Shop [42]
9 West St., 617-542-0210,
www.brattlebookshop.com
Cette librairie d'exploitation familiale, fondée en 1825, vend des livres rares et d'occasion. Elle propose en outre une collection complète de la revue *Life*.

Vêtements et accessoires

GALVIN-ized Headwear [44]
450 Harrison St., n° 67 Garden Level,
617-426-4885, www.galvinizedhats.com
Pour les femmes qui désirent se couvrir la tête de façon originale et unique. Tuques (bonnets), chapeaux et accessoires pour les cheveux.

Toppers [47]
151 Tremont St., 617-859-1430
Il est toujours intéressant de dénicher un bon magasin de couvre-chefs, et Toppers en a pour toutes les occasions, tant pour les hommes que pour les femmes.

Bobby from Boston [41]
19 Thayer St., 617-423-9299
Sûrement l'endroit par excellence à Boston pour ceux qui apprécient les vêtements vintage des années 1920 à 1970. Surtout reconnu pour ses vêtements pour hommes, il propose aussi une section qui s'adresse à la gent féminine.

6

Fenway Cultural District

À voir, à faire

(voir carte p. 89)

Le Fenway Cultural District est un quartier effervescent où se côtoient culture et *shopping*.

Le circuit du Fenway Cultural District débute au Prudential Center (station Prudential du T).

Prudential Center ★ [1]

800 Boylston St.; voir p. 57

Le Prudential Center est un vaste complexe multifonctionnel, aménagé au-dessus d'autoroutes et de voies ferrées, qui comprend des bureaux, un centre commercial, deux grands magasins (Lord & Taylor et Saks Fifth Avenue), deux hôtels, des copropriétés ainsi que le **Hynes Convention Center** (centre de congrès de Boston).

Skywalk Observatory ★ [1]

14$; début nov à fin fév tlj 10h à 20h, début mars à fin oct 10h à 22h; billets en vente tlj 10h à 18h; 800 Boylston St., 617-859-0648

Le Skywalk Observatory se trouve au 50e étage de la tour principale du Prudential Center. Il offre une vue panoramique sur Boston et ses environs. Il est recommandé de s'y rendre par temps clair, vers la fin de l'après-midi, afin de bénéficier des meilleures vues sur le centre de Boston.

Traversez le Prudential Center afin de ressortir du côté d'Huntington Avenue. Tournez à droite dans cette artère.

Christian Science Center ★★ [2]

entrée libre; visites guidées lun-ven 8h à 17h; 175 Huntington Ave., 617-450-2000

Le complexe du Christian Science Center comprend notamment la

Christian Science Center.

Mother Church de 1894, un petit bâtiment néoroman en granit du New Hampshire où ont lieu les messes et les réunions, et la **Mother Church Extension**, un énorme édifice romano-byzantin de 1906. Ce dernier édifice n'est pas sans rappeler la basilique du Sacré-Cœur à Paris ou encore l'oratoire Saint-Joseph à Montréal.

Poursuivez vers l'ouest en longeant Huntington Avenue.

Boston Symphony Hall [3]

angle Huntington Ave. et Massachusetts Ave., 617-266-1492, www.bso.org

Le Boston Symphony Hall est considéré, à juste titre, comme l'un des principaux sanctuaires de la musique classique en Amérique du Nord grâce certes à ses qualités acoustiques exceptionnelles, mais aussi parce qu'il s'agit de la salle de concerts du réputé Boston Symphony Orchestra (BSO).

Museum of Fine Arts ★★★ [4]

22$; lun-mar et sam-dim 10h à 16h45, mer-ven 10h à 21h45; visite guidée en français mer 11h15; 465 Huntington Ave., 617-267-9300, www.mfa.org

La longue façade du Museum of Fine Arts se déploie au milieu d'une vaste pelouse d'herbe rase sise en bordure d'Huntington Avenue. Le Musée des beaux-arts de Boston recèle de riches collections amassées à la fois par les marchands bostoniens et par les archéologues de l'Université Harvard toute proche. Il est notamment réputé pour ses collections d'art asiatique, européen et américain.

Tournez à droite dans Louis Prang Street et continuez jusqu'à The Fenway.

Fenway Cultural District

À voir, à faire ★

1. EX Prudential Center/Hynes Convention Center/Skywalk Observatory
2. DY Christian Science Center/Mother Church/Mother Church Extension
3. DY Boston Symphony Hall
4. CZ Museum of Fine Arts
5. BZ Isabella Stewart Gardner Museum
6. CY Back Bay Fens
7. AZ Harvard Medical School
8. BX Fenway Park
9. BX Boston University

Cafés et restos ●

10. AX Audubon Circle
11. DY Bangkok City Restaurant
12. DY Betty's Wok and Noodle Diner
13. AX Sol Azteca
14. AX The Elephant Walk
15. CZ The Garden Cafeteria
16. CY Woody's Grill & Tap

Bars et boîtes de nuit ☽

17. CX Bill's Bar
18. BY The Ramrod/The Machine
19. EZ Wally's Cafe

Salles de spectacle ♦

20. BX House of Blues
21. DZ New England Conservatory
22. DY Symphony Hall
23. AX The Paradise

Lèche-vitrine ■

24. CZ Museum of Fine Arts Shops

Hébergement ▲

25. DY Oasis Guest House
26. CX The Gryphon House

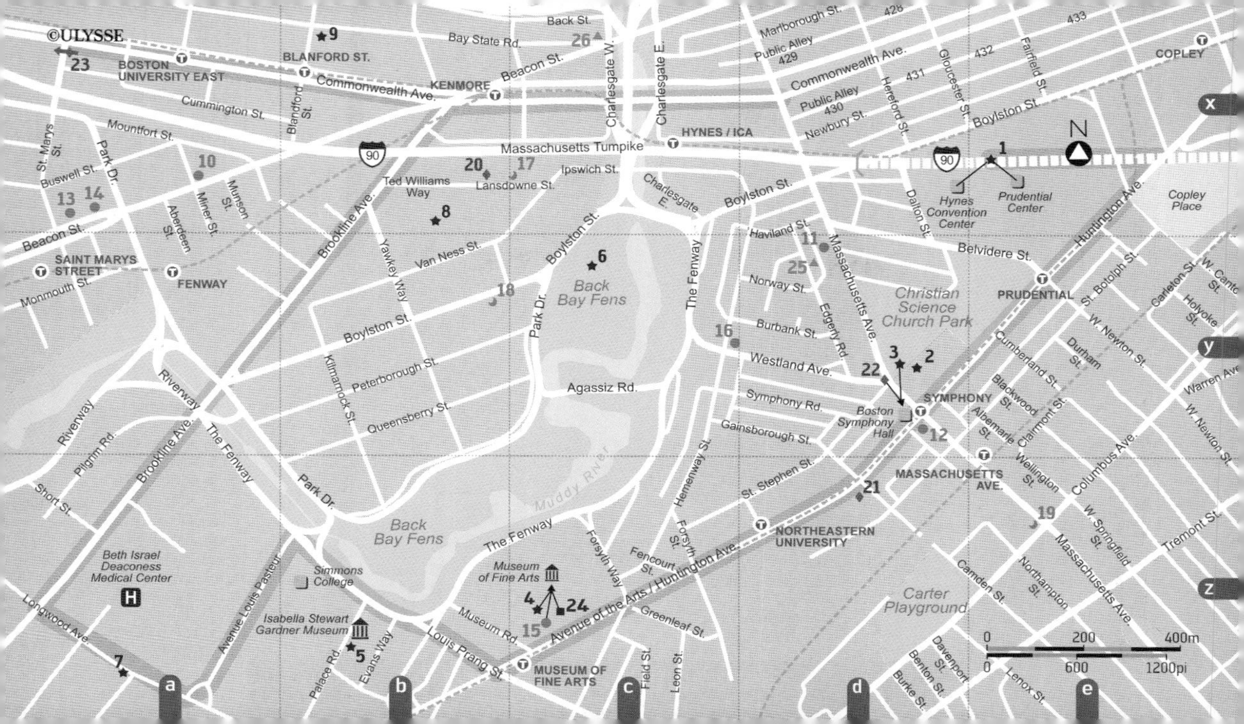
©ULYSSE
23
BOSTON UNIVERSITY EAST
BLANFORD ST.
9
Back St.
Bay State Rd.
26
Beacon St.
KENMORE
Commonwealth Ave.
Cummington St.
Blandford St.
Mountfort St.
Charlesgate W.
Charlesgate E.
HYNES / ICA
Massachusetts Turnpike
90
St. Marys St.
Buswell St.
Park Dr.
10
Munson St.
Miner St.
Aberdeen St.
13
14
Beacon St.
SAINT MARYS STREET
FENWAY
Monmouth St.
Brookline Ave.
Ted Williams Way
20
17
Lansdowne St.
Ipswich St.
8
Yawkey Way
Van Ness St.
Boylston St.
18
6
Back Bay Fens
Park Dr.
Boylston St.
Kilmarnock St.
Peterborough St.
Queensberry St.
Agassiz Rd.
Riverway
Pilgrim Rd.
Short St.
The Fenway
Park Dr.
Muddy River
Back Bay Fens
Beth Israel Deaconess Medical Center
H
Avenue Louis Pasteur
Simmons College
Isabella Stewart Gardner Museum
5
Palace Rd.
Evans Way
Longwood Ave.
7
Louis Prang St.
Museum Rd.
MUSEUM OF FINE ARTS
Museum of Fine Arts
4
24
15
The Fenway
Forsyth Way
Avenue of the Arts / Huntington Ave.
Fencourt St.
Forsyth St.
Hemenway St.
Greenleaf St.
Field St.
Leon St.
Charlesgate E.
Boylston St.
The Fenway
Haviland St.
11
25
Norway St.
Edgerly Rd.
Massachusetts Ave.
16
Burbank St.
Westland Ave.
Symphony Rd.
Gainsborough St.
St. Stephen St.
22
3
2
Boston Symphony Hall
SYMPHONY
12
MASSACHUSETTS AVE.
21
NORTHEASTERN UNIVERSITY
Marlborough St.
428
Public Alley 429
Commonwealth Ave.
Public Alley 430
Newbury St.
431
Hereford St.
Gloucester St.
432
Fairfield St.
433
Boylston St.
COPLEY
N
1
Hynes Convention Center
Prudential Center
Dalton St.
Belvidere St.
Huntington Ave.
Copley Place
Christian Science Church Park
PRUDENTIAL
St. Botolph St.
W. Newton St.
Carleton St.
W. Canton St.
Holyoke St.
Durham St.
Cumberland St.
Blackwood St.
Albemarle St.
Claremont St.
Wellington St.
Columbus Ave.
W. Newton St.
Warren Ave.
W. Springfield St.
19
Massachusetts Ave.
Northampton St.
Camden St.
Tremont St.
Carter Playground
Davenport St.
Benton St.
Burke St.
Lenox St.
0
200
400m
0
600
1200pi
a
b
c
d
e
x
y
z

Isabella Stewart Gardner Museum ★★★ [5]

15$; mer-dim 11h à 17h, jeu jusqu'à 21h; 280 The Fenway, 617-566-1401, www.gardnermuseum.org

L'Isabella Stewart Gardner Museum renferme la prestigieuse collection d'œuvres d'art américain et européen accumulée par le couple formé d'Isabella Stewart (1840-1924), issue d'une riche famille new-yorkaise, et de John Lowell Gardner Jr. (1837-1898), qui fit partie de l'élite marchande de Boston. Ces fabuleux trésors sont distribués sur le pourtour d'une cour intérieure abondamment fleurie, aux allures de palais vénitien du XVe siècle.

Back Bay Fens ★ [6]

en bordure de The Fenway

En face du musée s'étirent les Back Bay Fens, aménagés selon les plans du paysagiste américain Frederick Law Olmsted, à qui l'on doit également le Central Park de New York et le parc du Mont-Royal à Montréal. Cet espace vert, tout en longueur, épouse les contours sinueux de la Muddy River, qui se jetait autrefois dans la Charles River. Outre ses nombreux étangs enjambés par quelques ponts, on y trouve une belle roseraie ainsi que les Victory Gardens, ces potagers au charme surrané.

Tournez à gauche dans l'Avenue Louis Pasteur, puis à droite dans Longwood Avenue.

Harvard Medical School ★ [7]

25 Shattuck St.

Les impressionnants bâtiments Renouveau classique de la Harvard Medical School se dressent droit devant vous. Y loge depuis 1906 la plus prestigieuse école de médecine des États-Unis, sinon du monde entier.

Tournez à droite dans Brookline Avenue.

Fenway Park ★ [8]

16$; visites guidées aux heures tlj 9h à 17h; angle Brookline Ave. et Yawkey Way, 617-226-6666

Les amateurs de baseball se réjouiront en passant devant le vénérable Fenway Park. Ce vieux stade centenaire fait encore la joie des Bostoniens qui viennent y voir jouer «leurs» Red Sox. Ne manquez pas de repérer le *lone red seat* (l'unique siège rouge) dans la section 42, rangée 37, siège 21, qui indique la distance maximale atteinte par un coup de circuit dans le parc (c'est Ted Williams qui a réalisé l'exploit).

Tournez à droite dans Commonwealth Avenue.

Boston University ★ [9]

entre le Massachusetts Turnpike et la Charles River

La Boston University accueille chaque année plus de 30 000 étudiants provenant de 140 pays. L'université, fondée en 1839, met l'accent sur la recherche en ingénierie et en médecine. Son cam-

Fenway Park.

pus regroupe 320 bâtiments dans lesquels se trouvent plus de 2 000 laboratoires ! La Boston University a été la première institution nord-américaine à rendre accessible aux femmes l'ensemble de ses facultés (1872).

Cafés et restos

(voir carte p. 89)

The Garden Cafeteria $ [15]

Museum of Fine Arts, 465 Huntington Ave., 617-369-3476, www.mfa.org/visit/dining

La Garden Cafeteria vous sert dans une ambiance familiale avec vue sur la Calderwood Courtyard. Au menu : un buffet de salades, des sandwichs, des potages, des plats chauds, des produits de boulangerie et des pâtes vendues au poids.

Audubon Circle $$ [10]

838 Beacon St., 617-421-1910, www.auduboncircle.us

Il est facile, pour un visiteur, de passer devant ce petit resto-bar effacé sans le voir, mais n'hésitez pas à suivre les hordes de jeunes gens qui affluent vers cet établissement sympa. Le menu comporte de succulents sandwichs et hamburgers, de même que d'excellents plats de résistance.

Bangkok City Restaurant $$ [11]

167 Massachusetts Ave., 617-266-8884, www.bkkcityboston.com

On dénombre plusieurs restaurants thaïlandais dans le secteur, mais celui-ci élabore de savoureux plats traditionnels dont plusieurs végétariens. La nourriture est bien présentée, et le service est cordial.

Sol Azteca $$ [13]
914 Beacon St., 617-262-0909,
www.solaztecarestaurants.com

Le Sol Azteca sert d'authentiques mets mexicains à des prix raisonnables. Parmi les fleurons du menu, retenons les *chiles rellenos* et le traditionnel *guacamole*.

Woody's Grill & Tap $$ [16]
58 Hemenway St., 617-375-9663,
www.woodysboston.com

Une délicieuse pizza à croûte mince fraîchement sortie du four à bois et de généreuses portions de pâtes attirent ici, et ce, à toute heure, une foule de jeunes affamés, du reste souvent bruyants.

Betty's Wok and Noodle Diner $$$ [12]
250 Huntington Ave., 617-424-1950,
www.bettyswokandnoodle.com

Ce restaurant chic, et pourtant décontracté, vous laisse libre de concevoir votre propre sauté à l'asiatique, à la cubaine ou à l'indienne. Faites votre choix parmi un vaste choix de nouilles et de riz, d'une pléthore de légumes frais, de viandes, de poissons, ainsi que de huit sauces épicées pour composer votre repas sur mesure.

The Elephant Walk $$$ [14]
900 Beacon St., 617-247-1500,
www.elephantwalk.com

Au menu de ce restaurant sans cérémonie, vous trouverez aussi bien de simples plats de bistro français que des variations plus exotiques sur le thème de la cuisine cambodgienne. Le nom de l'établissement (et son décor) rend hommage à l'éléphant, qui joue un rôle prépondérant dans la culture et la religion cambodgiennes.

Bars et boîtes de nuit

(voir carte p. 89)

Bill's Bar [17]
droit d'entrée; 5 Lansdowne St., 617-247-1222,
www.billsbar.com

Le Bill's Bar est tout indiqué pour entendre des musiciens sur scène ou pour échapper, l'espace d'un soir, aux bars dansants bondés à craquer qui bordent Lansdowne Street.

The Ramrod [18]
droit d'entrée; 1254 Boylston St.,
617-266-2986, www.ramrod-boston.com

Le Ramrod représente, pour les gays, une intéressante solution de rechange aux boîtes plus conventionnelles de Lansdowne Street. Torses nus et tenues de cuir sont les bienvenus, voire nécessaires les fins de semaine *(jeu-sam)*, sous peine de se voir refuser l'accès à l'arrière-salle. La boîte qui se trouve à l'étage inférieur, **The Machine**, attire une foule dansante plus mixte, et son décor rutilant de même que sa salle de jeu contrastent fortement avec le Ramrod, passablement plus rude.

Wally's Cafe [19]
427 Massachusetts Ave., 617-424-1408,
www.wallyscafe.com

Très populaire auprès des Bostoniens, le Wally's Cafe offre des spectacles de jazz ou de blues tous les soirs de la semaine. Comme l'espace est plutôt restreint, mieux vaut s'y présenter tôt en soirée.

Salles de spectacle

(voir carte p. 89)

House of Blues [20]
15 Lansdowne St., 888-693-2583,
www.houseofblues.com

Le House of Blues de Boston présente des concerts de toutes sortes. Bonne acoustique et restaurant sur place.

New England Conservatory [21]
290 Huntington Ave., 617-585-1100,
www.necmusic.edu

Le New England Conservatory présente chaque année plusieurs concerts gratuits et met à l'affiche aussi bien des solistes que des ensembles, qu'il s'agisse de membres du corps enseignant, d'étudiants ou d'artistes invités. La salle principale, soit le splendide Jordan Hall, peut accueillir plus de 1 000 personnes et est réputée pour son acoustique exceptionnelle.

House of Blues.

Symphony Hall [22]
301 Massachusetts Ave., 617-266-1492,
www.bso.org

Achevé en 1900, le Symphony Hall demeure la salle de concerts la mieux connue en ville. Jetez un coup d'œil sur les statues grecques et romaines qui surplombent le balcon; elles font référence au Bostonien William Tudor, qui, au XIXe siècle, disait de Boston qu'elle était l'« Athènes de l'Amérique ». Le Symphony Hall a été conçu par Wallace Clement Sabine, chercheur et acousticien d'Harvard, et présente l'une des meilleures acoustiques qui soit dans le monde. Il est le siège de l'Orchestre symphonique de Boston, et des membres de la communauté musicale locale y font souvent des exposés avant les concerts.

Museum of Fine Arts Shop.

The Paradise [23]
967 Commonwealth Ave., 617-562-8800, www.thedise.com

Situé à l'ouest du Fenway Cultural District dans le quartier de Brighton, le Paradise se compose en fait de deux entités distinctes: le Paradise Rock Club, une salle de spectacle où les groupes rock les plus populaires se produisent, et le Paradise Front Lounge, un restaurant qui propose quelques en-cas en attendant que le concert débute dans la salle voisine.

Lèche-vitrine

(voir carte p. 89)

On fréquente le Fenway Cultural District surtout pour ses institutions culturelles plutôt que pour ses boutiques.

Livres

Museum of Fine Arts Shop [24]
Museum of Fine Arts, 465 Huntington Ave., 617-369-3575, www.mfashop.com

La boutique du Museum of Fine Arts propose des reproductions, des souvenirs et des livres inspirés de ses collections et de ses expositions temporaires, de même qu'un excellent choix de livres d'art.

7 Charlestown

À voir, à faire

(voir carte p. 97)

Avant d'opter pour la presqu'île de Shawmut, où se trouve maintenant le centre de Boston, les premiers colons puritains, dirigés par John Winthrop, s'étaient d'abord installés sur le site de Charlestown, où ils avaient fondé un établissement en 1629. Au siècle suivant, Charlestown fut le théâtre de la bataille de Bunker Hill, l'un des plus célèbres affrontements de la Révolution américaine. Cette bataille est encore décrite aux écoliers américains avec force détails; c'est donc dire toute l'importance historique de l'ancien village de Charlestown, devenu un quartier de la ville depuis sa fusion avec Boston en 1874.

Le quartier occupe un emplacement de choix, offrant depuis ses quais et sa colline des vues superbes sur les gratte-ciel et le port de Boston. Ses maisons, distribuées le long de rues étroites et pentues, permettent aux visiteurs d'admirer une architecture résidentielle pavillonaire du XIXe siècle, faite de bois et de brique, dont on trouve beaucoup d'exemples dans la proche banlieue de Boston, mais fort peu dans les quartiers du centre. Le circuit débute à la sortie de la North Station du T. Empruntez Causeway Street et tournez à gauche dans Beverly Street. Poursuivez jusqu'au sentier pédestre qui passe par les Charles River Locks et traversez le Paul Revere Park, puis longez la Constitution Road pour rejoindre le Boston National Historical Park Visitor Center.

Boston National Historical Park ★★ [1]

entrée libre; juil et août tlj 9h à 18h, reste de l'année tlj 9h à 17h; Constitution Rd., 617-242-5601, www.nps.gov/bost

Le Boston National Historical Park a été aménagé sur l'emplacement de l'ancien chantier naval de la Marine

Charlestown

Boston Harbor.

À voir, à faire ★

1. BX Boston National Historical Park
2. BX USS *Constitution*
3. BW USS Constitution Museum
4. BX USS *Cassin Young*
5. AW Bunker Hill Monument

Cafés et restos ●

6. AW Figs
7. AX Olives
8. AW Paolo's Trattoria
9. AW Sorelle Bakery & Café
10. CX Tavern on the Water
11. AW Warren Tavern

Bars et boîtes de nuit

12. BW Navy Yard Bistro & Wine Bar
13. AW Warren Tavern

Lèche-vitrine ■

14. AX Olivia Browning

Hébergement ▲

15. AX Residence Inn Boston Harbor on Tudor Wharf

Little Mystic Channel
0 200 400m
0 600 1200pi
William J. Barry Playground
Medford St.
Walford Way
Oreilly Way
Bunker Hill St.
Tufts St.
Corey St.
Mystic St.
Elm St.
Polk St.
Trenton St.
Jefferson Ave.
Concord St.
Monument St.
Concord Ave.
Green St.
Cross St.
Cedar St.
Monument Square
Bunker Hill Monument
High St.
Lexington St.
Chestnut St.
Mt. Vernon St.
Prospect St.
Tremont St.
Lowney Way
Decatur St.
Chelsea St.
Cordis St.
Pleasant St.
Monument Ave.
Soley St.
Winthrop St.
Winthrop Square
Adams St.
Main St.
Harvard St.
Park St.
Warren St.
Constitution Rd.
Constitution Wharf
5th Ave.
16th St.
3rd Ave.
4th Ave.
13th St.
1st Ave.
2nd Ave.
Shipway Pl.
9th St.
7th St.
6th St.
5th St.
8th St.
Terry Ring Way
Shipyard Park
Flagship Ave.
Baxter Rd.
3rd St.
Boston National Historical Park
USS Constitution
Pier 1
Pier 2
Pier 3
Pier 4
Pier 5
Pier 6
Pier 7
Pier 8
Boston Harbor
Paul Revere Park
North End Playground
N
Leonard P. Zakim Bunker Hill Bridge
Beverly St.
TD Banknorth Garden
NORTH STATION
Causeway St.
Canal St.
Friend St.
Portland St.
Lancaster St.
Valenti St.
Merrimac St.
Market St.
HAYMARKET
Surface Rd.
N. Washington St.
Commercial St.
Hudson St.
Charter St.
Hull St.
Prince St.
Endicott St.
Snow Hill St.
Salem St.
Thacher St.
Lynn St.
N Margin St.
Cooper St.
Tileston St.
Hanover St.
Garden Ct. St.
North St.
E. Boston Expy.
William F. McClellan Hwy.
Atlantic Ave.
Fulton St.
©ULYSSE

américaine, connu sous le nom de Charlestown Navy Yard. Devenu désuet, il fut fermé définitivement en 1974. Une portion du site a alors été ouverte au public. En plus des installations du chantier, il est maintenant possible d'explorer deux navires de guerre, d'assister à un spectacle multimédia et de visiter un musée maritime interactif, particulièrement populaire auprès des enfants.

USS *Constitution* ★★ [2]

dons appréciés; avr à oct mar-dim 10h à 18h, nov à mars jeu-dim 10h à 15h30; visites guidées toutes les 30 min; 617-242-5671, www.ussconstitutionmuseum.org

Le USS *Constitution* est le principal attrait du Boston National Historical Park. Ce grand bateau à voiles, amarré au quai nº 1, est le doyen mondial des navires de guerre encore en service, puisqu'il a été lancé en 1797! Son incroyable longévité et sa résistance au combat lui ont valu le surnom de *Old Ironsides* (vieux flancs de fer). Le USS *Constitution* fait son exercice annuel lors des célébrations de la fête nationale (le 4 juillet), alors qu'on peut l'admirer, toutes voiles dehors, dans le port de Boston.

USS Constitution Museum ★ [3]

dons appréciés; avr à oct tlj 9h à 18h, nov à mars 10h à 17h; Charlestown Navy Yard, Building 22, 617-426-1812, www.ussconstitutionmuseum.org

Le USS Constitution Museum, aménagé dans l'ancienne station de pompage de la cale sèche nº 1, construite en 1833, renferme quelque

USS *Constitution.*

3 000 objets qui racontent la vie quotidienne à bord du USS *Constitution*. Les visiteurs, tous appelés à participer activement, peuvent apprendre à mettre les voiles, à tenir le gouvernail d'un navire fictif ou même à tirer un coup de canon!

On peut aussi visiter le destroyer **USS *Cassin Young*** ★ [4] *(tlj 10h à 16h)*, construit au chantier de la Charlestown Navy Yard en 1943. Il a été touché à deux reprises lors de la bataille d'Okinawa, ce qui causa la mort de 23 membres de son équipage.

Quittez la Charlestown Navy Yard par la sortie de 5th Street. Suivez cette rue, qui prend le nom de Tremont Street une fois rendu de l'autre côté de la voie surélevée de la route 1. Tremont Street mène à Monument Square, au centre duquel trône le gigantesque Bunker Hill Monument.

Bunker Hill Monument ★★ [5]
entrée libre; tlj 9h à 17h; Monument Square, 617-242-5641

La Révolution américaine avait déjà donné lieu à plusieurs échauffourées au cours du printemps de 1775, mais la première vraie bataille rangée entre les troupes britanniques et américaines eut lieu le 17 juin 1775 sur les collines de Breed's Hill et de Bunker Hill qui dominent Charlestown. Afin de commémorer cet événement, on entreprend en 1826 la construction du Bunker Hill Monument, un énorme obélisque de granit gris mesurant 67 m de haut. À son pied se trouvent un petit musée ainsi que l'accès à l'escalier de 294 marches qui mène à l'observatoire du sommet, d'où l'on bénéficie d'un panorama très étendu de Boston. À noter qu'il n'y a pas d'ascenseur.

Cafés et restos

(voir carte p. 97)

Sorelle Bakery & Café $ [9]
1 Monument Ave., 617-242-2125, www.sorellecafe.com

Cette minuscule boulangerie-café offre un large assortiment de sandwichs à manger sur place ou à emporter, et elle vend naturellement, outre ses célèbres *biscotti*, ses propres pains et gâteaux.

Warren Tavern $-$$ [11]
2 Pleasant St., 617-241-8142, www.warrentavern.com

La Warren Tavern, fondée en 1780, comptait parmi les rendez-vous favoris de Paul Revere. Les plafonds bas aux poutres apparentes créent ici un espace très intime, atmosphérique et chargé d'histoire. Le menu affiche soupes, salades, hamburgers et autres sandwichs.

Tavern on the Water $$ [10]
Pier 6, 617-242-8040, www.tavernonthewater.com

Situé à la hauteur d'Eighth Street, près des installations navales de Charlestown, ce restaurant de fruits de mer à l'américaine se prête on ne peut mieux à l'observation des couchers de soleil avec vue sur les bateaux et la silhouette du centre-ville. Attendez-vous à y trouver une foule de touristes et de plaisanciers.

Figs $$-$$$ [6]
67 Main St., 617-242-2229, www.toddenglish.com

Cette pizzeria haut de gamme appartient au propriétaire d'Olives (voir plus loin) et vous assure la même qualité à seulement une fraction du prix. Ses généreuses portions et son menu inventif fortement axé sur la nouvelle cuisine italienne s'allient pour en faire un des meilleurs établissements de Charlestown.

Paolo's Trattoria $$-$$$ [8]
251 Main St., 617-242-7229, www.paolosboston.com

Le menu méditerranéen de cet accueillant restaurant familial couvre tout un éventail, depuis les pâtes jusqu'aux fruits de mer, en passant par les pizzas cuites au four à bois, couvertes de garnitures inventives.

Un haut plafond recouvert de cuivre étamé et un mur de briques nues confèrent à la salle à manger un aspect aéré et chaleureux.

Olives $$$$ [7]
10 City Square, 617-242-1999,
www.toddenglish.com
Ce haut lieu culinaire doit son succès à son chef réputé (Todd English) et à sa cuisine méditerranéenne rustique. Pas étonnant qu'on doive longtemps y attendre une table!

Bars et boîtes de nuit

(voir carte p. 97)

Navy Yard Bistro & Wine Bar [12]
Charlestown Navy Yard, angle First Avenue et Sixth Street, 617-242-0036,
www.navyyardbistro.com
Un endroit très agréable pour partager une bouteille de vin tout en dégustant un tartare de thon ou des huîtres frites.

Warren Tavern [13]
2 Pleasant St., 617-241-8142
La Warren Tavern, fondée en 1780, comptait parmi les rendez-vous favoris de Paul Revere, et elle continue à ce jour d'attirer les foules, surtout lorsqu'il y a un match diffusé sur ses grands écrans de télévision. Plafonds bas et poutres apparentes en font un établissement très chaleureux.

Olivia Browning.

Lèche-vitrine

(voir carte p. 97)

Les boutiques ne sont pas légion à Charlestown. Mieux vaut se rabattre sur les autres quartiers pour satisfaire ses envies de *shopping*.

Souvenirs et cadeaux

Olivia Browning [14]
20 City Square, 617-242-2299,
www.oliviabrowning.com
Cette jolie boutique vous inspirera d'excellentes idées-cadeaux.

8 Cambridge et ses environs

À voir, à faire

(voir carte p. 103)

La ville de Cambridge, située sur les bords de la Charles River en face de Boston, compte plus de 100 000 habitants et accueille les prestigieuses institutions d'enseignement que sont l'Université Harvard et le Massachusetts Institute of Technology (MIT). Même si elle semble bien sérieuse, Cambridge sait s'amuser, car étudiants et professeurs ont besoin de se défouler entre les cours et les examens. Ainsi la ville recèle plusieurs lieux propices au farniente qui gravitent pour la plupart autour d'Harvard Square, où s'amorce d'ailleurs le présent circuit.

Le circuit de Cambridge débute à Harvard, à la sortie de la station Harvard Square du T.

Harvard Square ★ [1]

Harvard Square est davantage une place urbaine aux contours étriqués qu'un véritable square. Grouillant de vie jusqu'aux petites heures du matin, cet espace public est entouré de librairies, de cafés, de théâtres, de boîtes de nuit et de nombreux restaurants fréquentés indifféremment par les professeurs de l'Université Harvard et leurs étudiants.

Harvard University ★★★ [2]

autour de la Harvard Yard, 617-495-1000, www.harvard.edu

Recevoir un diplôme de la Harvard University est un gage de succès dans la vie, car cette université reconnue dans le monde entier n'accepte que les meilleurs candidats. Parmi ses diplômés et professeurs, on compte sept présidents américains et une quarantaine de Prix Nobel!

Cambridge et ses environs

À voir, à faire ★

1. BY Harvard Square
2. CY Harvard University
3. CY Harvard Yard
4. BY Holden Chapel
5. CY Memorial Church
6. CY Memorial Hall
7. CY Harvard Museum of Natural History/Harvard University Herbaria/Museum of Comparative Zoology/Mineralogical Museum at Harvard University
8. CY Peabody Museum of Archaeology and Ethnology
9. CY River Houses
10. BY Episcopal Divinity School
11. BY Longfellow House – Washington's Headquarters National Historic Site
12. AY Hooper-Lee-Nichols House
13. AY Mount Auburn Cemetery/Washington Tower
14. BY Christ Church
15. DZ Massachusetts Institute of Technology (MIT)
16. DZ Massachusetts Institute of Technology Museum
17. EZ Ray and Maria Stata Center

Cafés et restos ●

18. DZ Bondir
19. DY Christina's Homemade Ice Cream
20. EZ EVOO
21. DZ Hungry Mother
22. BY L.A. Burdick Chocolate Cafe
23. CY Mr Bartley's Gourmet Burgers
24. DY Muqueca Restaurant
25. DY Oleana
26. CY Sandrine's Bistro
27. BY Tealuxe
28. DZ The Friendly Toast
29. EZ The Helmand
30. DY Tupelo
31. CY Zoe's

Bars et boîtes de nuit ☽

32. DY Atwood's Tavern
33. CZ Cantab Lounge
34. BY Club Passim
35. DZ Cuchi Cuchi
36. DY Druid Pub
37. BX Lizard Lounge
38. DZ Miracle of Science Bar & Grill
39. BY Regattabar
40. DZ The Middle East Restaurant & Nightclub
41. BX Toad

Salles de spectacle ♦

42. BY Hasty Pudding Theatricals
43. BY Loeb Drama Center
44. DZ T.T the Bear's Place
45. CY The Memorial Church

Lèche-vitrine ■

46. BY Black Ink
47. EY Cambridge Antiques Market
48. CY Cambridge Artists' Cooperative
49. EZ CambridgeSide Galleria
50. BY Cardullo's Gourmet Shoppe
51. DZ Garment District
52. BY Harvard Coop
53. BX Joie de Vivre
54. AX Marimekko
55. EZ MIT Press Bookstore
56. AX Newbury Comics
57. CY Out of Town News
58. DY Poor Little Rich Girl
59. CZ Trader Joe's

Hébergement ▲

60. BX A Cambridge House Inn at Porter
61. CZ Cambridge Bed and Muffin
62. DZ Le Méridien Cambridge-MIT
63. EZ Royal Sonesta Hotel
64. BY The Charles Hotel
65. CY The Hotel Veritas
66. CY The Inn at Harvard
67. BX The Mary Prentiss Inn

©ULYSSE
N
PORTER SQUARE
HARVARD SQUARE
CENTRAL SQUARE
KENDALL / MIT
Fresh Pond
Charles River
Cambridge Common
Soldier Field Athletic Area
Eliot Bridge
Walden St.
Concord Ave.
Fresh Pond Pkwy.
Vassal Ln.
Huron Ave.
Lexington Ave.
Larch Rd.
Lakeview Ave.
Appleton St.
Sparks St.
Lowell St.
Aberdeen Ave.
Brattle St.
Mt. Auburn St.
Coolidge Ave.
Greenough Blvd.
Soldiers Field Rd.
Western Ave.
Everett St.
Harvard St.
Raymond St.
Linnaean St.
Garden St.
Craigie St.
Berkeley St.
Willard St.
Hawthorn St.
Massachusetts Ave.
Garfield St.
Sacramento St.
Oxford St.
Kirkland St.
Quincy
Plympton
Ware St.
Ellery St.
Crawford St.
Fayette St.
Inman St.
Tremont St.
Elm St.
Prospect St.
Cambridge St.
Hampshire St.
Washington St.
Somerville Ave.
Beacon St.
Park St.
Laurel St.
Central St.
Avon St.
Highland Ave.
School St.
Prescott St.
Putnam St.
Medford St.
McGrath Hwy.
Cross St.
Pearl St.
Broadway
Linden
Porter St.
Craigie St.
Monsignor O'Brien Hwy.
Green St.
Franklin St.
Columbia St.
Windsor St.
Portland St.
Cardinal Medeiros Ave.
Fulkerson St.
6th St.
5th St.
3rd St.
Otis St.
Charles St.
Bent St.
Rogers St.
Binney St.
Commercial Ave.
Main St.
Albany St.
Vassar St.
Memorial Dr.
River St.
Magazine St.
Pearl St.
Brookline St.
Sidney St.
Putnam Ave.
0 0,5 1km
0 0,5 1mi
a b c d e
x y z

1. Harvard Yard.
2. Peabody Museum of Archaeology & Ethnology.

Malgré sa réputation planétaire, l'institution n'accueille que 21 000 étudiants annuellement, ce qui est plutôt modeste en comparaison des autres grandes universités nord-américaines. Il en coûte en moyenne 50 000$ par année scolaire pour fréquenter l'Université Harvard.

Le campus de l'Université Harvard s'organise autour de la **Harvard Yard** ★★ [3] *(accessible en passant par le portail grillagé de l'entrée principale, appelé Johnston Gate, ou par un des trois autres accès qui bordent Massachusetts Avenue)*, que l'on pourrait considérer comme l'ultime sanctuaire du savoir en Amérique.

La jolie **Holden Chapel** ★ [4], achevée en 1744, fut construite grâce à un legs du Britannique Samuel Holden. On remarque son beau fronton bleuté sur lequel sont greffés divers ornements baroques.

Passez à l'arrière de l'University Hall afin de rejoindre une seconde cour.

La **Memorial Church** ★ [5], l'église officielle d'Harvard, est un cadeau des anciens fait à leur *alma mater* à la mémoire des diplômés tués au combat lors de la Première Guerre mondiale.

L'impressionnante masse du **Memorial Hall** ★ [6], un bâtiment aux allures de cathédrale gothique, est en fait un centre communautaire pour les étudiants de première année.

Empruntez Kirkland Street vers l'est, puis tournez à gauche dans Oxford Street, où commence la

portion du campus consacrée aux musées universitaires. Celle-ci regroupe de nombreux musées, tous très différents les uns des autres.

Le complexe du **Harvard Museum of Natural History** ★ [7] *(9$; tlj 9h à 17h; 26 Oxford St., 617-495-3045, www.hmnh.harvard.edu)* comprend un ensemble de bâtiments regroupant le **Harvard University Herbaria** *(www.huh.harvard.edu)*, le **Museum of Comparative Zoology** *(www.mcz.harvard.edu)* et le **Mineralogical Museum at Harvard University** *(www.fas.harvard.edu/~geomus)*. Le premier abrite notamment une rare collection de fleurs en verre réalisées en Allemagne par Leopold Blashka et son fils Rudolph entre 1886 et 1936. Le deuxième présente de nombreux fossiles ainsi que des squelettes de dinosaures, dont ceux d'un tricératops et d'un kronosaurus. Quant au troisième musée, il est réputé pour ses pierres précieuses et semi-précieuses, de même que pour sa collection de météorites.

Revenez à Kirkland Street, que vous emprunterez vers l'est, avant de tourner à gauche dans Divinity Avenue.

Plus loin sur Divinity Avenue se trouve l'entrée principale du **Peabody Museum of Archaeology and Ethnology** ★★ [8] *(12$; tlj 9h à 17h; 11 Divinity Ave., 617-496-1027, www.peabody.harvard.edu)*. Ce musée d'anthropologie abrite une formidable collection d'objets aztèques et mayas, entre autres de belles pièces rapportées des campagnes de fouilles de l'Université Harvard à Chichén Itzá.

Mount Auburn Cemetery.

Revenez une nouvelle fois à Kirkland Avenue, que vous traverserez pour emprunter Quincy Street jusqu'à Harvard Street. Traversez Harvard Street puis Massachusetts Avenue afin de rejoindre Bow Street puis De Wolfe Street. Tournez à droite dans Memorial Drive.

River Houses ★★ [9]

Une promenade le long de Memorial Drive permet de contempler, au sud, un beau panorama de la Charles River et de la Harvard School of Business Administration, située sur l'autre rive, et au nord, les River Houses (Adams, Dunster, Mather, Quincy, Leverett, Winthrop, Eliot, Kirkland et Lowell), ces imposantes résidences d'étudiants de style néogeorgien (1910-1932) qui sont beaucoup plus que de simples dortoirs. En effet, l'Université Harvard a adopté le modèle britannique des *Houses*, ce qui signifie que chaque résidence est dirigée par un maître (*Master*) sous les ordres duquel se placent des tuteurs (*Tutors*) qui organisent des activités parascolaires et qui supervisent les travaux des étudiants. Les résidences possèdent toutes leur propre salle à manger ainsi qu'une bibliothèque.

Tournez à droite dans Plympton Street, puis à gauche dans Mount Auburn Street. Franchissez John F. Kennedy Street afin d'emprunter Brattle Street. Cette artère est bordée de luxueuses demeures érigées pour les familles anglicanes de Cambridge aux XVIIe et XVIIIe siècles.

Episcopal Divinity School ★ [10]

99 Brattle St.

Prenez le temps d'admirer l'Episcopal Divinity School, fondée en 1867 et qui comprend plusieurs bâtiments, notamment une magnifique chapelle comme on en retrouve dans les paroisses anglaises.

Longfellow House - Washington's Headquarters National Historic Site ★ [11]

3$; visites guidées juin à oct, mer-dim à 10h30, 11h30, 13h, 14h, 15h et 16h; 105 Brattle St., 617-876-4491

Le Longfellow House - Washington's Headquarters National Historic Site consiste en une élégante maison coloniale entourée d'un charmant jardin abondamment fleuri. La demeure, érigée en 1759 pour un marchand loyaliste, fut réquisitionné par George Washington, qui en fit le quartier général de son armée révolutionnaire pendant neuf mois (1775-1776). Elle fut plus tard offerte en cadeau de mariage au poète Henry Wadsworth Longfellow (1807-1882), qui l'habita pendant 45 ans. La maison recèle plusieurs trésors, dont de beaux meubles victoriens, ainsi que des lettres de Charles Dickens et d'Abraham Lincoln.

Hooper-Lee-Nichols House ★ [12]

5$; lun et mer 12h à 18h; 159 Brattle St., station Harvard Square du *T*, 617-547-4252

La Brattle Street de Cambridge était surnommée *Tory Row* au XVIIIe siècle, car elle était bordée de nombreuses demeures bourgeoises appartenant à l'élite britannique. La plupart de ces sujets loyaux à la couronne d'Angleterre ont fui vers le Canada à la suite de la Révolution américaine. Leurs maisons désertées ont été investies par la nouvelle bourgeoisie américaine quelques mois plus tard. C'est le cas de la Hooper-Lee-Nichols House, aujourd'hui ouverte au public et qui loge la Cambridge Historical Society. Ses pièces sont tapissées de sujets géographiques peints à la main en France (vue du Bosphore, vue du golfe de Naples, etc.).

Plus loin, Brattle Street rejoint Mount Auburn Street.

Mount Auburn Cemetery ★★★ [13]

entrée libre; mai à sept tlj 8h30 à 19h, oct à avr tlj 8h30 à 17h; 580 Mount Auburn St., 617-547-7105, www.mountauburn.org

Vous verrez sur votre gauche le magnifique Mount Auburn Cemetery, qui, sur ses 70 ha, compte plus de 15 km de sentiers où il fait bon se promener. La **Washington Tower** offre de son sommet une vue spectaculaire sur Boston. Plusieurs personnalités sont inhumées ici, entre autres le poète Henry Wadsworth Longfellow et l'ancien maire de Boston, Harrison Gray Otis.

Revenez sur vos pas dans Brattle Street afin d'emprunter Mason Street à gauche, puis tournez à droite dans Garden Street.

Christ Church ★ [14]

0 Garden St., 617-876-0200, www.cccambridge.org

La coquette Christ Church est entièrement revêtue de bois. Cette église épiscopale a été dessinée en

Massachusetts Institute of Technology.

1760 par l'architecte Peter Harrison, à qui l'on doit plusieurs des monuments de Newport, au Rhode Island. Le temple avoisine un vieux cimetière où sont enterrées plusieurs personnalités de Cambridge.

Poursuivez dans Garden Street jusqu'à l'angle de Massachusetts Avenue. Empruntez Massachusetts Avenue vers le sud pour vous rendre au MIT. Vous pouvez également vous y rendre en métro en descendant à la station Central Square ou à la station Kendall Square du T.

Massachusetts Institute of Technology ★★ [15]
77 Massachusetts Ave., station Central Square ou station Kendall Square du *T*, 617-253-1000, www.mit.edu

Le Massachusetts Institute of Technology, ou **MIT** pour les intimes, est, avec l'Université Harvard, l'institution de haut savoir la plus célèbre de la région de Boston, voire des États-Unis. Cette école d'enseignement supérieur privée, doublée de multiples laboratoires de recherche reconnus mondialement, se spécialise, depuis sa création, dans l'étude des sciences et de la technologie.

Le **Massachusetts Institute of Technology Museum** ★ [16] *(8,50$; tlj 10h à 17h; 265 Massachusetts Ave., station Central Square ou station Kendall Square du* T*, 617-253-5927, www.web.mit.edu/museum)* possède la plus importante collection d'hologrammes de la planète, et sa Hart Nautical Collection permet aux visiteurs de contempler quelque 40 maquettes de navires, dont certaines qui datent des XVIe et XVIIe siècles.

On ne saurait visiter Cambridge et le Massachusetts Institute of Technology sans faire un arrêt au **Ray and Maria Stata Center** ★★★ [17] *(32 Vassar St.)*, un édifice sculptural multicolore à plusieurs façades sorti de l'imagination « bande dessinée » de l'architecte Frank Gehry. En regardant l'incroyable édifice avec ses tours penchées, ses murs fantaisistes à angles multiples, ses fenêtres désaxées, asymétriques et de travers, ses formes *Toon Town*, on croirait que l'édifice est prêt à perdre l'équilibre et à basculer.

Cafés et restos

(voir carte p. 103)

Christina's Homemade Ice Cream $ [19]

1255 Cambridge St., 617-492-7021, www.christinasicecream.com

Il faut absolument s'arrêter chez Christina's pendant la belle saison. Que ce soit pour une crème glacée ou un sorbet, vous n'en reviendrez tout simplement pas !

L.A. Burdick Chocolate Cafe $ [22]

52D Brattle St., Harvard Square, 617-491-4340, www.burdickchocolate.com

Ce petit café-chocolatier est l'endroit idéal pour faire une pause lors d'une promenade à Harvard Square. Un bon café accompagné d'un gâteau au chocolat des plus moelleux, et hop !, vous êtes prêt pour poursuivre votre exploration de Cambridge.

Mr Bartley's Gourmet Burgers $ [23]

fermé dim; 1246 Massachusetts Ave., 617-354-6559, www.mrbartley.com

On y sert depuis 1960 des hamburgers aux noms qui font sourire (comme le Démocrate, le Lady Gaga ou le Sarah Palin), faits d'ingrédients de qualité.

Tealuxe $ [27]

Zero Brattle St., 617-441-0077, www.tealuxe.com

Ce chaleureux salon de thé offre un vaste choix d'infusions à boire sur place ou à emporter. Tealuxe vend aussi des pâtisseries, du thé en vrac, des théières du monde entier et d'autres produits assortis. Atmosphère confortable, décor à l'ancienne et personnel cordial.

The Friendly Toast $ [28]

One Kendall Square, Building 300, 617-621-1200, www.thefriendlytoast.net

Envie de prendre votre petit déjeuner dans un restaurant à la décoration kitsch et à l'ambiance familiale ? Le Friendly Toast est l'endroit où aller. Très bon choix de petits déjeuners et belle sélection de thés.

Zoe's $ [31]

1105 Massachusetts Ave., 617-495-0055, www.zoescambridge.com

On peut être rébarbatif à l'idée d'aller prendre son petit déjeuner chez Zoe's, situé sous le niveau de la rue. Pourtant on ne devrait pas ! Il propose un bon choix de plats, du vrai sirop d'érable et du jus d'orange frais. Les *Crunchy French Toasts* sont à essayer !

Muqueca Restaurant
$-$$ [24]
1008 Cambridge St., 617-354-3296,
www.muquecarestaurant.com

Entre le MIT et l'Université Harvard, il est difficile de ne pas être attiré par la façade colorée de ce petit restaurant. Le Muqueca sert de savoureux mets brésiliens, et ses tables ont de jolies nappes décorées de motifs de poissons. Un bar à jus propose plusieurs cocktails sans alcool.

Tupelo **$$** [30]
1193 Cambridge St., 617-868-0004,
www.tupelo02139.com

Coup de cœur assuré pour le Tupelo ! Sa cuisine du sud des États-Unis est réconfortante, mais surtout des plus savoureuses. Bon choix de bières louisianaises. Service efficace et amical.

Oleana **$$-$$$** [25]
134 Hampshire St., 617-661-0505,
www.oleanarestaurant.com

Très populaire pour ses appétissants plats méditerranéens, Oleana affiche presque toujours complet. Il vous faudra donc réserver à l'avance si vous voulez goûter à ses délices. Ambiance intime.

Hungry Mother **$$$** [21]
233 Cardinal Medeiros Ave., 617-499-0090,
www.hungrymothercambridge.com

Ce restaurant n'a pas un menu très élaboré, mais il change quotidiennement, et les plats qui y sont servis sont délicieux et préparés à partir

Oleana.

de produits frais. Le chef, inspiré par la cuisine française et la région des Appalaches, se fait d'ailleurs un point d'honneur de mettre en conserve certains fruits et légumes afin que la clientèle puisse en profiter toute l'année.

The Helmand **$$$** [29]
143 First St., 617-492-4646,
www.helmandrestaurantcambridge.com

L'un des rares restaurants afghans des environs, The Helmand est un incontournable à Cambridge. Il faut réserver même en semaine, car, bien qu'il compte deux salles à manger, l'établissement est presque toujours bondé. On s'y rend non seulement pour l'excellente nourriture, mais aussi pour le service sympathique et l'ambiance agréable.

Bondir $$$-$$$$ [18]

279A Broadway, 617-661-0009,
www.bondircambridge.com

Ne vous laissez pas rebuter par l'extérieur du Bondir, car une expérience gustative mémorable vous y attend. Élu meilleur nouveau restaurant en 2011 par le *Boston Magazine*, il faut s'y prendre quelques semaines à l'avance pour y obtenir une réservation. Mais l'attente en vaut bien la peine. La cuisine est inventive, et le menu change quotidiennement.

Sandrine's Bistro $$$-$$$$ [26]

8 Holyoke St., Harvard Square, 617-497-5300,
www.sandrines.com

Le Sandrine's s'enorgueillit de ses nourrissants mets français, et l'on sent une préférence marquée pour l'Alsace. Vous y trouverez un bel assortiment de saucisses et de choucroutes. Laissez-vous tenter par la *flammekueche* (tarte flambée), une sorte de croisement entre la pizza et la tarte à l'oignon.

EVOO $$$$ [20]

350 Third St., 617-661-3866,
www.evoorestaurant.com

Voilà sûrement l'un des meilleurs rapports qualité/prix des environs. EVOO propose un menu de nouvelle cuisine américaine à trois services à prix fixe *(42$)*. Les mets sont magnifiquement apprêtés, et l'on indique sur le menu, pour chaque ingrédient, qui en est le producteur. Une belle adresse!

Bars et boîtes de nuit

(voir carte p. 103)

Atwood's Tavern [32]

877 Cambridge St., 617-864-2792,
www.atwoodstavern.com

La populaire Atwood's Tavern attire une faune éclectique et sert de la bonne nourriture pour accompagner sa belle sélection de bières. Des concerts (jazz, folk, rock, etc.) y ont lieu presque tous les soirs.

Cantab Lounge [33]

738 Massachusetts Ave., 617-354-2685

Le Cantab est un des rares établissements où vous pourrez entendre du *bluegrass* en ville (le mardi soir). Micro libre le lundi, lectures de poésie le mercredi, soirée soul et funk le jeudi et rhythm-and-blues du vendredi au dimanche.

Club Passim [34]

droit d'entrée; 47 Palmer St., 617-492-7679,
www.clubpassim.org

Ce café historique était au cœur de la vie folk au milieu des années 1960. Il a survécu à cette époque et continue à ce jour à présenter des musiciens folk contemporains dans une atmosphère intime. Pendant la saison estivale, le Club Passim organise, les mercredis de 12h30 à 13h30, des spectacles en plein air à Kendall Square.

The Memorial Church.

Cuchi Cuchi [35]
795 Main St., 617-684-2929,
www.cuchicuchi.cc

Vaste choix de cocktails à déguster dans une ambiance directement sortie des années 1920. Le menu affiche aussi des plats à partager.

Druid Pub [36]
1357 Cambridge St., 617-497-0965,
www.druidpub.com

Ce pub de quartier vous changera agréablement des nombreux pubs irlandais à saveur plutôt touristique de la ville. On y sert notamment de la Guinness en pinte.

Lizard Lounge [37]
1667 Massachusetts Ave., 617-547-0759,
www.lizardloungeclub.com

Pour le moins animé de sons éclectiques, le Lizard Lounge se révèle être la boîte de nuit *underground* par excellence de Cambridge. La clientèle se compose de jeunes professionnels et d'étudiants de l'Université Harvard ou du MIT.

Miracle of Science Bar & Grill [38]
321 Massachusetts Ave., 617-868-2866,
www.miracleofscience.us

Ce bar branché sert quelques bons plats qui, pour rester fidèles au thème scientifique, sont affichés sur un grand tableau périodique des éléments. On y propose entre autres le Tc (chili à la dinde et au *chipotle*), le Hb (hamburger) et le Sm (salade). Pour les passionnés de science.

Regattabar [39]
droit d'entrée; The Charles Hotel, 1 Bennett St., 617-661-5000, www.regattabarjazz.com

Cette boîte de jazz huppée est une solution de rechange aux établissements plutôt axés sur les étudiants de Cambridge. Ici la musique est surtout acoustique, et l'on entend de tout, du doux jazz à l'enivrant rhythm-and-blues.

The Middle East Restaurant & Nightclub [40]
droit d'entrée; 472 Massachusetts Ave., 617-864-3278, www.mideastclub.com

Le Middle East est un des meilleurs petits établissements de la ville pour entendre du rock alternatif et indépendant interprété par des artistes d'envergure locale ou nationale.

Toad [41]
1912 Massachusetts Ave., 617-497-4950

Toad se veut un espace intime qui attire des musiciens de talent de même que leurs fidèles admirateurs de la région de Cambridge. Vous y entendrez du rock, du folk ou du blues, et ce, n'importe quel soir de la semaine.

Salles de spectacle

(voir carte p. 103)

Hasty Pudding Theatricals [42]
12 Holyoke St., 617-495-5205, www.hastypudding.org

Ce théâtre avant-gardiste propose des pièces de l'American Repertory Theatre (ART) et accueille des productions étudiantes et des troupes en tournée.

Loeb Drama Center [43]
64 Brattle St., 617-547-8300

Le Loeb Drama Center est le théâtre où sont présentées le plus grand nombre de pièces de l'American Repertory Theatre (ART), la meilleure troupe de théâtre marginale de la ville.

T.T the Bear's Place [44]
10 Brookline St., 617-492-0082, www.ttthebears.com

Cette petite salle offre des spectacles de groupes émergents tous les soirs de la semaine sauf les vendredi et samedi, alors qu'un DJ se charge de faire danser la clientèle. Un bon endroit pour découvrir la scène musicale locale.

The Memorial Church [45]
Harvard Yard, Harvard University, 617-495-5508, www.memorialchurch.harvard.edu

L'église d'Harvard est le théâtre non seulement d'offices religieux, mais aussi de concerts, et ce, toute l'année. Musique de la Harvard Organ Society, du chœur de l'Université Harvard et de chorales en visite.

Lèche-vitrine

(voir carte p. 103)

À Cambridge, la plupart des achats se font autour d'Harvard Square, où les commerces s'adressent surtout à la population estudiantine. Il y a cependant beaucoup d'autres boutiques intéressantes près de Porter

Square, plus au nord sur Massachusetts Avenue. Si vous préférez les dédales intérieurs, songez au CambridgeSide Galleria (voir ci-dessous), un centre commercial de la partie est de Cambridge, tout près du Museum of Science.

CambridgeSide Galleria [49]
100 CambridgeSide Place, 617-621-8666,
www.cambridgesidegalleria.com

Ce centre commercial riverain renferme plus de 120 magasins de vêtements, de souvenirs, d'articles pour la maison, d'appareils électroniques, de livres, de chaussures et de musique, sans oublier les restaurants.

Alimentation

Cardullo's Gourmet Shoppe [50]
6 Brattle St., 617-491-8888 ou 800-491-8288,
www.cardullos.com

Les étalages de Cardullo's, qui s'étendent du sol au plafond, regorgent d'aliments importés. Cette populaire boutique se spécialise dans les paniers-cadeaux sur commande, les chocolats, le caviar et les pâtés, mais aussi dans les produits britanniques, les spécialités de la Nouvelle-Angleterre et les sauces piquantes.

Trader Joe's [59]
748 Memorial Dr., 617-491-8582
211 Alewife Brook Pkwy., 617-498-3201
www.traderjoes.com

Voir la description p. 58.

La façade de la Harvard Coop.

Artisanat et galeries d'art

Cambridge Artists' Cooperative [48]
59A Church St., Harvard Square,
617-868-4434,
www.cambridgeartistscoop.com

Cette galerie d'art unique en son genre est tenue et exploitée par des artistes locaux. On y trouve des produits fabriqués à la main par plus de 250 artisans américains, entre autres des bijoux, des poteries, des verreries, des articles de cuir, des tissus, des pièces murales et des courtepointes.

Livres et disques

MIT Press Bookstore [55]
292 Main St., 617-253-5249

Les amateurs de livres sur l'art, le design et l'architecture seront comblés dans cette librairie gérée par le MIT.

Newbury Comics [56]
174 Alewife Brook Pkwy., 617-491-7711
36 John F. Kennedy St., 617-491-0337
www.newburycomics.com
Voir la description p. 58.

Out of Town News [57]
Harvard Square, 617-354-1441
Véritable institution locale, Out of Town News vend des journaux et des revues de partout à travers le monde.

Souvenirs et cadeaux

Black Ink [46]
5 Brattle St., Harvard Square, 617-497-1221
Il est quasi impossible de ressortir de cette boutique les mains vides. Avec ses idées-cadeaux rigolotes et ses souvenirs originaux, vous vous découvrirez sans doute des besoins inattendus comme Black Ink se plaît à le dire. Autre adresse à Beacon Hill (voir p. 47).

Cambridge Antiques Market [47]
201 Monsignor O'Brien Hwy., 617-868-9655, www.marketantique.com/cambridg.htm
Installé dans un bâtiment historique de briques rouges au toit mansardé, l'Antiques Center offre cinq étages d'antiquités, de vêtements d'une autre époque et de produits kitsch de toute sorte.

Harvard Coop [52]
1400 Massachusetts Ave., 617-499-2000, www.thecoop.com
La Coop a de tout, des manuels et fournitures scolaires aux produits de beauté, en passant par les souvenirs les plus variés et tous les articles imaginables frappés de l'emblème d'Harvard – des casquettes de baseball à la lingerie fine! Le magasin est ouvert au public.

Joie de Vivre [53]
1792 Massachusetts Ave., 617-864-8188
Avec son choix éclaté de cadeaux, cette boutique apporte effectivement la joie de vivre!

Vêtements et accessoires

Garment District [51]
200 Broadway, 617-876-5230, www.garmentdistrict.com
Ne cherchez pas plus loin si vous êtes en quête de vêtements à la mode d'autrefois ou de créations originales de concepteurs locaux.

Marimekko [54]
350 Huron Ave., 617-354-2800, www.marimekko.com
Marimekko vend de jolis vêtements et accessoires qui feront le bonheur... de celles qui peuvent se les payer.

Poor Little Rich Girl [58]
121 Hampshire St., 617-873-0809, www.shoppoorlittlerichgirl.com
Une bonne adresse pour trouver de beaux vêtements rétro.

boston pratique

Les formalités

Passeports et visas

Pour entrer aux États-Unis par voie aérienne, les citoyens canadiens ont besoin d'un passeport. S'ils entrent par voie terrestre ou maritime, ils pourront présenter soit leur passeport ou leur «permis de conduire Plus», qui sert à la fois de permis de conduire et de document de voyage.

Les résidents d'une trentaine de pays dont la France, la Belgique et la Suisse, en voyage d'agrément ou d'affaires, n'ont plus besoin d'être en possession d'un visa pour entrer aux États-Unis à condition de:

- avoir un billet d'avion aller-retour;
- présenter un passeport électronique sauf s'ils possèdent un passeport individuel à lecture optique en cours de validité et émis au plus tard le 25 octobre 2005; à défaut, l'obtention d'un visa sera obligatoire;
- projeter un séjour d'au plus 90 jours (le séjour ne peut être prolongé sur place: le visiteur ne peut changer de statut, accepter un emploi ou étudier);
- présenter des preuves de solvabilité (carte de crédit, chèques de voyage);
- remplir le formulaire de demande d'exemption de visa (formulaire I-94W) remis par la compagnie de transport pendant le vol;
- le visa est toujours nécessaire pour certaines catégories de voyageurs (étudiants ou visa précédemment refusé).

Depuis janvier 2009, les ressortissants des pays bénéficiaires du Programme d'exemption de visa doivent obtenir une autorisation de séjour avant d'entamer leur voyage aux États-Unis. Afin d'obtenir cette autorisation, les voyageurs éligibles doivent remplir le questionnaire du Système électronique d'autorisation de voyage (ESTA) au moins 72h avant leur déplacement aux États-Unis. Ce formulaire est disponible gratuitement sur le site Internet administré par le U.S. Department of Homeland Security *(https://esta.cbp.dhs.gov/esta/esta.html)*.

Précaution: les soins hospitaliers étant extrêmement coûteux aux États-Unis, il est conseillé de se munir d'une bonne assurance maladie.

L'arrivée

Par avion

Logan International Airport

Figurant parmi les 20 plus importants aéroports des États-Unis, le **Logan International Airport** *(800-235-6426, www.massport.com/logan)* est situé tout près du centre-ville, à East Boston. L'aéro-

Un avion prépare son atterrissage au Logan International Airport.

port offre un service de navette gratuit qui relie les quatre terminaux. De Boston, le Logan International Airport est accessible par autocar, métro, train de banlieue, de même que par bateau.

Le **Logan Express** *(12$ aller simple, 22$ aller-retour, stationnement 7$/jour; au départ de l'aéroport Logan lun-ven 4h à 23h aux demi-heures, sam 6h à 22h aux heures, dim 6h à 12h aux heures et 13h à 23h aux demi-heures; 800-262-3335, www.massport.com/logan)* propose un service d'autocar entre l'aéroport et Braintree au sud *(près de la jonction I-93 et I-95, sur Forbes Rd.)*, Framingham à l'ouest *(entre les routes 9 et 30, sur le terrain du Shopper's World)* et Woburn au nord *(route 128, sortie 37C en face du Marriott Courtyard Hotel)*. Ces endroits disposent d'aires de stationnement. Service vers Peabody en semaine de 6h15 à 23h15 aux heures et la fin de semaine de 6h à 22h30.

La navette **Logan Direct** de l'entreprise **Plymouth & Brockton** *(508-746-0378, www.p-b.com)* relie l'aéroport à Provincetown, Hyannis, Barnstable, Sagamore, Plymouth et Rockland, en passant par le centre-ville de Boston. Il faut compter 9$ pour se rendre au centre-ville.

L'**autocar 66**, dont l'arrêt est clairement indiqué, relie tous les terminaux du Logan International Airport jusqu'au Logan Dock, et ce, sans frais, à une fréquence de 15 min. Plusieurs petites compagnies de navigation peuvent ensuite vous conduire vers divers secteurs de Boston.

Le **City Water Taxi** *(10$ aller simple, 17$ aller-retour; lun-sam 7h à 22h, dim 7h à 20h; 617-422-0392, www.citywatertaxi.com)* propose le seul service de transport maritime sur appel de Boston. Au départ du Logan Dock, il peut vous déposer à une dizaine d'arrêts: East Boston, Charlestown Navy Yard, North Station/TD Garden, North End/Burroughs Wharf, Long Wharf, Rowes Wharf, Museum Wharf/Congress Street, Anthony's Pier 4, Seaport World Trade Center/Northern Avenue.

Pour ceux qui désirent se rendre au sud de Boston, le service de navette maritime est offert par **Harbor Express** *(Logan à Quincy ou Hull 12$, Quincy à Boston 6$, horaires variables; 617-222-6999, www.harborexpress.com)*, qui relie en seulement 25 min Quincy au Logan Dock. Le stationnement du **Harbor Express Terminal** *(Quincy Shipyard, en retrait de la route 3A)* coûte 3$ pour la journée. Il vous en coûtera cependant 6$ pour la nuit ou 36$ pour la semaine.

Avec la **Massachusetts Bay Transportation Authority (MBTA)** *(617-222-3200 ou 800-392-6100, www.mbta.com)*, vous pouvez rejoindre le Logan International Airport par le *T (métro, 2$)*, sur la Silver Line (ligne argent). Sortez à l'Airport Station. En autobus *(1,50$)*, les lignes 448 et 459 se rendent au Logan International Airport.

Au Logan International Airport, des **taxis** sont disponibles 24 heures sur 24 pour vous conduire n'importe où dans l'agglomération de Boston. Si votre destination se trouve dans un rayon de moins de 12 milles (env. 20 km), on vous facturera un tarif fixe, basé sur le nombre de passagers. Il est à noter que vous devez payer une taxe d'aéroport de 2,25$, de même que des frais de péage pour traverser les tunnels. Pour vous rendre de Boston à l'aéroport, vous devrez communiquer avec une compagnie de taxis locale. Le prix de la course entre le centre-ville de Boston et le Logan International Airport s'élève à environ 30$.

Par voiture

Si vous décidez d'utiliser votre voiture pour pénétrer dans la ville par le sud, empruntez, de Providence, la I-93 N, qui devient la US 1 N. Si vous entrez à Boston par le nord, vous devez emprunter la I-93 S. De l'ouest du Massachusetts, la I-90 se rend à Boston. Par contre, si vous désirez contourner la ville, empruntez la I-495, ou encore la I-95, qui passe cependant plus près de la ville. De la rive nord (Charlestown, Chelsea), le Tobin Memorial Bridge donne accès à Boston; vous devrez alors acquitter des frais de péage de 3$.

Des City Water Taxis au Rowes Wharf.

Par autocar

La **Boston South Station** *(700 Atlantic Ave., angle Summer St., www.south-station.net)* est l'immense gare bostonienne d'où partent et où arrivent la plupart des autocars.

Les Canadiens peuvent se rendre à Boston à bord des autobus de la compagnie **Greyhound** *(800-231-2222, www.greyhound.com)*. Ils peuvent faire leur réservation directement auprès de la **Gare d'autocars de Montréal** *(514-842-2281, www.greyhound.ca)* à Montréal ou du **Toronto Coach Terminus** *(416-594-1010, www.greyhound.ca)* à Toronto. Comptez environ 7h30 pour faire le trajet au départ de Montréal, sans compter le passage au poste frontalier qui peut causer un retard.

Par train

Il n'est pas possible de se rendre à Boston en train au départ du Québec. La compagnie **Amtrak** *(800-872-7245, www.amtrak.com)* assure par contre la liaison entre certaines villes de la Nouvelle-Angleterre.

Le logement

Pour une ville de sa taille, Boston ne présente certes pas un excès d'établissements d'hébergement, si bien que les hôtels, auberges et gîtes touristiques (*bed and breakfasts*) s'emplissent rapidement en haute saison, et parfois même en basse saison lors d'importants congrès. Il serait donc toujours sage de réserver à l'avance. Sachez aussi que se loger à Boston coûte de plus en plus cher, soit en moyenne 240$ par nuitée pour une chambre standard.

Cela dit, l'éventail des possibilités offertes vous assure un séjour à votre mesure, que vous souhaitiez vous faire dorloter dans un opulent hôtel historique, retrouver le confort et l'intimité de votre foyer dans un gîte touristique familial, ou simplement vous la couler douce dans un cadre confortable et isolé.

Location d'appartements

Divers sites Internet proposent de mettre directement en contact les voyageurs avec des résidents de Boston qui louent une chambre ou un appartement complet, moyennant des frais de service retenus sur le coût de chaque location. Cette option permet de faire de bonnes économies sur le coût de l'hébergement, mais il importe évidemment de demeurer vigilant, notamment en vérifiant les commentaires laissés par d'autres locataires.

Voici quelques sites qui offrent ce service :

www.airbnb.com
www.homeaway.com
www.roomorama.com

Auberge de jeunesse

Hostelling International Boston $-$$$
25 Stuart St., 617-536-1027 ou 888-999-4678, www.bostonhostel.org

Hôtels

Les tarifs indiqués dans ce guide s'appliquent, sauf indication contraire, à une chambre pour deux personnes en haute saison, et ils n'incluent pas les taxes.

$	moins de 100$
$$	de 101$ à 149$
$$$	de 150$ à 249$
$$$$	de 250$ à 350$
$$$$$	plus de 350$

Chacun des établissements inscrits dans ce guide s'y retrouve en raison de ses qualités ou particularités, en plus de son rapport qualité/prix. Parmi ce groupe déjà sélect, certains établissements se distinguent encore plus que les autres. Nous leur avons donc attribué le label Ulysse. Celui-ci peut se retrouver dans n'importe lesquelles des catégories d'établissements : supérieure, moyenne-élevée, petit budget. Quoi qu'il en soit, dans chacun de ces établissements, vous en aurez pour votre argent. Repérez-les en premier !

Le cœur de Boston

(voir carte p. 25)

Millennium Bostonian Hotel $$$$ [27]
26 North St., 617-523-3600, www.millenniumhotels.com

Le Millennium Bostonian Hotel est tout aussi chic que son nom le laisse entendre, avec ses chambres et ses suites de luxe donnant direc-

Omni Parker House.

tement sur le Faneuil Hall Marketplace.

Omni Parker House $$$$ [28]

60 School St., 617-227-8600,
www.omnihotels.com

La Parker House, nom d'origine du plus vieil hôtel en activité continue aux États-Unis, s'enorgueillit d'un riche passé littéraire et politique. Elle propose aujourd'hui un hébergement d'une élégance conventionnelle dans un cadre charmant rappelant le Vieux Continent. Toutes les suites portent le nom d'un personnage célèbre de Boston, comme John *Honey Fitz* Fitzgerald, et arborent des œuvres d'art servant aussi bien à les dépeindre qu'à illustrer leur contribution à l'histoire de la ville.

Beacon Hill et West End

(voir carte p. 37)

The John Jeffries House

$$$ [44]
14 David G. Mugar Way, 617-367-1866,
www.johnjeffrieshouse.com

Cet établissement présente un des meilleurs rapports qualité/prix de Boston avec ses chambres décorées à la victorienne, dont certaines peuvent accueillir jusqu'à trois personnes.

Beacon Hill Hotel & Bistro

$$$$ [42]
25 Charles St., 617-723-7575,
www.beaconhillhotel.com

Cette maison en rangée s'impose aujourd'hui comme un hôtel de charme des plus élégants. Ses 12 chambres et son unique suite sont décorées de magnifiques meubles et rehaussées d'étonnantes photos en noir et blanc.

Fifteen Beacon Hotel

$$$$$ [43]
15 Beacon St., 617-670-1500,
www.xvbeacon.com

Ce luxueux hôtel-boutique de charme installé dans un bâtiment Beaux-Arts de 10 étages ne ménage aucune dépense pour accueillir ses clients: literie italienne, salles de bain en marbre, porte-serviettes chauffants et produits de toilette exclusifs fabriqués par Kiehl.

The Fairmont Copley Plaza.

Back Bay (voir carte p. 51)

The Charlesmark Hotel & Lounge $$$ [48]

Copley Square, 655 Boylston St., 617-247-1212, www.thecharlesmark.com

Cet hôtel-boutique de style européen pratique des tarifs sans comparaison avec ses concurrents des environs. Il offre une ambiance intime et chaleureuse qui rendra votre séjour mémorable.

Newbury Guest House $$$-$$$$ [45]

261 Newbury St., 617-670-6000 ou 800-437-7668, www.newburyguesthouse.com

Cette *brownstone* rénovée vous donnera l'impression de vous retrouver en Europe. Les murs de plâtre, les planchers de bois et les meubles en bois foncé confèrent aux chambres une atmosphère d'élégance à l'ancienne des plus confortables.

The Eliot Hotel $$$$ [49]

370 Commonwealth Ave., 617-267-1607 ou 800-443-5468, www.eliothotel.com

Installées dans un manoir georgien, les suites de l'Eliot sont décorées dans le plus grand luxe et renferment des salles de bain en marbre italien et des bureaux individuels pourvus de minibars bien garnis.

The Inn @ St. Botolph $$$$ [51]

99 St. Botolph St., 617-236-8099, www.innatstbotolph.com

The Inn @ St. Botolph propose des chambres avec cuisinette, ce qui peut être intéressant pour les longs séjours ou pour les familles. Séjour minimal de deux nuitées.

Hotel Commonwealth
$$$$$ [44]

500 Commonwealth Ave., 617-933-5000 ou 866-784-4000, www.hotelcommonwealth.com

Le Commonwealth propose des chambres spacieuses agrémentées de petits plus qui font toute la différence: draps importés d'Italie, produits de beauté de luxe, téléphone sans fil qui fonctionne dans tout l'hôtel, pour ne nommer que ceux-là.

Taj Boston $$$$$ [46]

15 Arlington St., 617-536-5700, www.tajhotels.com

Le chic Taj Boston incarne la quintessence même de l'hébergement de luxe. Ses opulentes chambres et suites sont rehaussées de tissus importés, de lustres et d'œuvres d'art remarquables.

The Back Bay Hotel
$$$$$ [47]

350 Stuart St., 617-266-7200, www.doylecollection.com

Ancien édifice des quartiers généraux de la police de Boston, le luxueux Back Bay Hotel propose des chambres agréables et décorées dans des tons chaleureux.

The Fairmont Copley Plaza
$$$$$ [50]

Copley Square, 138 St. James Ave., 617-267-5300 ou 866-540-4417, www.fairmont.com

Le Copley Plaza Hotel occupe l'emplacement original du Musée des beaux-arts de Boston. Le hall richement orné croule sous l'or, le cristal de Waterford et les miroirs à dorure. Quant aux chambres, elles affichent une décoration soignée inspirée des *townhouses*.

The Lenox $$$$$ [52]

61 Exeter St., angle Boylston St., 617-536-5300 ou 800-225-7676, www.lenoxhotel.com

Malgré ses 214 chambres, le Lenox est parvenu à conserver une atmosphère sereine et intime. Cet hôtel historique propose des chambres admirables qui comportent notamment de hauts plafonds et des moulures sculptées à la main.

North End, Waterfront et South End *(voir carte p. 63)*

Golden Slipper $$$ [41]

début mai à mi-nov; Lewis Wharf, 781-545-2845, www.bostonsbedandbreakfastafloat.com

Amarré au Lewis Wharf, ce yacht Chris Craft de 12 m peut accueillir six personnes, et vous l'aurez pratiquement tout à vous à moins de commander un dîner officiel à bord, qui sera alors servi en grande pompe, à vous et vos invités.

Fairmont Battery Wharf $$$$ [40]

3 Battery Wharf, 617-994-9000 ou 800-257-7544, www.fairmont.com/batterywharf

Situé directement sur le Battery Wharf, le luxueux Fairmont Battery Wharf compte de superbes et spacieuses chambres, dont plusieurs ont vue sur le port.

Boston Harbor Hotel at Rowes Wharf $$$$$ [39]

70 Rowes Wharf, 617-439-7000 ou 800-752-7077, www.bhh.com

La première chose qui vous frappera en approchant du Boston Harbor Hotel, c'est l'arche qui s'élève au-dessus du **Rowes Wharf** (voir p. 67). Puis, une fois à l'intérieur, ce sera l'élégance européenne on ne peut plus gracieuse des chambres et des salles communes qui vous charmera.

Boston Harbor Hotel at Rowes Wharf.

Theatre District, Chinatown et South End *(voir carte p. 77)*

Encore Bed & Breakfast
$$$ [49]
116 W. Newton St., 617-247-3425, www.encorebandb.com

Dans le quartier BCBG de Boston, l'Encore Bed & Breakfast occupe les étages supérieurs d'une *town-house* victorienne en briques rouges datant des années 1830 et pratiquement située à l'angle de Tremont Street. Les quatre chambres sont très lumineuses et ont chacune une décoration originale.

The Chandler Inn Hotel
$$$ [52]
26 Chandler St., 617-482-3450 ou 800-842-3450, www.chandlerinn.com

Le Chandler Inn Hotel, qui fait bon accueil aux gays, propose des chambres comportant des commodités modernes et une décoration des plus élégantes.

The Boston Park Plaza Hotel & Towers **$$$-$$$$** [51]
50 Park Plaza, angle Arlington St., 617-426-2000 ou 800-225-2008, www.bostonparkplaza.com

Le Boston Park Plaza compte plusieurs salles de bal, restaurants et bars, une boutique de cadeaux, une bijouterie et des comptoirs de compagnies aériennes. Ce véritable monument renferme 941 chambres et suites au mobilier classique et aux accents de luxe.

Clarendon Square Inn
$$$$ [48]
198 W. Brookline St., 617-536-2229, www.clarendonsquare.com

Des éclatantes toiles modernes du salon aux accessoires français des salles de bain, en passant par la fine porcelaine dans laquelle on vous servira, le matin venu, du pain fraîchement sorti du four, tout contribuera à faire de votre séjour au Clarendon Square Inn une expérience des plus ravissantes.

W Boston *$$$$-$$$$$* [53]
100 Stuart St., 617-261-8700, www.starwoodhotels.com

Cet hôtel-boutique compte 235 chambres et suites au design moderne, dotées d'une technologie de pointe. Au cours de votre séjour, vous pourrez profiter du service de conciergerie *Whatever/Whenever*, qui promet de réaliser tous vos souhaits (pour autant que ce soit légal!).

Fenway Cultural District (voir carte p. 89)

Oasis Guest House *$$-$$$* [25]
22 Edgerly Rd., 617-267-2262 ou 800-230-0105, www.oasisgh.com

Dans une rue tranquille, cette pension fait bon accueil aux gays. Chaleureuses et confortables, les chambres sont garnies de meubles vieillots mais bien conservés. Salles de bain privées ou partagées.

The Gryphon House *$$$-$$$$* [26]
9 Bay State Rd., 617-375-9003 ou 877-375-9003, www.innboston.com

Ce gîte touristique fascinant renferme huit suites uniques, chacune décorée de façon à illustrer un style propre. La Gryphon House, érigée en 1895 pour servir de demeure à une famille, se veut luxueuse sans pour autant être guindée. Atmosphère chaleureuse et intime.

Charlestown (voir carte p. 97)

Residence Inn Boston Harbor on Tudor Wharf *$$$$* [15]
34-44 Charles St., 617-242-9000 ou 866-296-2297, www.marriott.com

Le Residence Inn Boston Harbor on Tudor Wharf est situé de l'autre côté du Charlestown Bridge, que vous n'aurez qu'à traverser pour vous retrouver dans le North End. Les chambres sont confortables et comptent une cuisinette.

Cambridge (voir carte p. 103)

A Cambridge House Inn at Porter *$$-$$$* [60]
2218 Massachusetts Ave., 617-491-6300 ou 800-232-9989, www.acambridgehouse.com

Les chambres de cet élégant gîte touristique sont décorées de façon individuelle, bénéficient d'antiquités victoriennes et comportent pour la plupart un foyer. Les petits déjeuners complets sont délicieux.

Cambridge Bed and Muffin *$$-$$$* [61]
267 Putnam Ave., 617-576-3166, www.bedandmuffin.com

Ce petit gîte touristique des plus attrayants est tout aussi charmant que son nom moelleux le laisse entendre. Notez toutefois que, contrairement à ce que le nom de la maison implique, le petit déjeuner continental ne propose pas de muffins.

Une suite de la Gryphon House.

Le Méridien Cambridge-MIT

$$$ [62]
20 Sidney St., 617-577-0200,
www.lemeridien.com

Installé sur le campus même du Massachusetts Institute for Technology (MIT), cet hôtel moderne reflète l'esprit d'innovation qui imprègne la prestigieuse maison d'enseignement.

The Mary Prentiss Inn

$$$ [67]
6 Prentiss St., 617-661-2929,
www.maryprentissinn.com

Chacune des chambres de cette maison inscrite au registre national des lieux historiques se veut unique. Nombre d'entre elles arborent de hauts plafonds et des foyers fonctionnels, et toutes se révèlent admirablement pourvues d'un décor classique ainsi que de meubles et accessoires d'antan.

The Hotel Veritas $$$$ [65]

1 Remington St., 617-520-5000 ou
888-520-1050, www.thehotelveritas.com

Situé à quelques minutes d'Harvard Square, l'Hotel Veritas est un bon pied-à-terre pour découvrir Cambridge. Les chambres sont plutôt exiguës, mais on y est tout de même très confortable. Certaines ont un balcon.

The Inn at Harvard

$$$$ [66]
1201 Massachusetts Ave., Harvard Square,
617-491-2222 ou 800-458-5886,
www.theinnatharvard.com

Cette opulente auberge se trouve sur le campus même de l'Université Harvard. Son hall aménagé en atrium lui confère des airs vénitiens, et les chambres, dont certaines dominent cette piazza centrale, se parent de meubles en cerisier. Service amical et efficace.

Royal Sonesta Hotel $$$$ [63]
40 Edwin H. Land Blvd., 617-806-4200, www.sonesta.com

La plupart des chambres du Royal Sonesta bénéficient de splendides vues sur la rivière Charles et la silhouette de Boston. L'intérieur se révèle tout aussi inspirant avec ses peintures, sculptures, croquis et gravures signés par des artistes établis ou émergents, pour beaucoup originaires de la région.

The Charles Hotel
$$$$-$$$$$ [64]
1 Bennett St., 617-864-1200 ou 800-882-1818, www.charleshotel.com

Si votre budget vous le permet et que vous tenez à vous loger en face d'Harvard Square, ne cherchez pas plus loin. Le Charles Hotel incarne la quintessence même du luxe et du confort.

Les déplacements

En voiture

L'automobile ne constitue pas le moyen le plus efficace, ni le plus agréable, pour visiter Boston, à moins de très bien connaître la ville. Nous vous conseillons donc fortement de découvrir Boston à pied et, pour parcourir des distances plus longues, de recourir aux transports en commun, très bien organisés.

Si malgré tout vous souhaitez louer une voiture, rappelez-vous que plusieurs agences de location de voitures exigent que leurs clients soient âgés d'au moins 25 ans et qu'ils soient en possession d'une carte de crédit reconnue.

Les grandes agences de location de voitures ont plusieurs centres de location à travers la ville, et la plupart sont aussi représentées à l'aéroport.

Une bonne raison de laisser votre voiture en dehors de Boston est la rareté et les coûts exorbitants des places de stationnement. Soyez extrêmement vigilant lorsque vous stationnez dans la rue; plusieurs espaces sont réservés aux résidents et requièrent une vignette, tandis que les rares parcomètres sont régulièrement vérifiés. Si vous choisissez de garer votre voiture dans un espace privé de stationnement payant, sachez que vous ne vous en sortirez pas en bas de 30$ par jour, et que ce tarif augmente en soirée.

Le MBTA met à la disposition des usagers des milliers de places de stationnement payantes à certaines stations de métro. Il est fortement recommandé d'y laisser sa voiture et d'utiliser le réseau de transports en commun pour se rendre au centre-ville de Boston. Pour de plus amples renseignements, veuillez consulter le site Internet du MBTA : *www.mbta.com/riding_the_t/parking*.

Vous pouvez également consulter le site Internet *www.bestparking.com*, qui permet de trouver facilement un stationnement privé dans la ville, de

Le *T*.

comparer les prix et même de réserver votre place à l'avance.

Sigalert *(www.smartraveler.com)* donne de l'information à jour sur la circulation et les artères congestionnées de Boston.

En transports en commun

Massachusetts Bay Transportation

La **Massachusetts Bay Transportation Authority (MBTA)** *(617-222-3200 ou 800-392-6100, www.mbta.com)* exploite un vaste et efficace réseau de transports en commun. Nous vous conseillons fortement de vous procurer un «Boston Visitor Pass» *(9-15)*, qui permet un accès illimité pour un ou sept jours en métro, en autobus, en traversier et dans certains trains de banlieue.

Le **métro** de Boston est surnommé le *T*. Il en coûte 2$ pour utiliser l'une de ses quatre lignes qui sillonnent Boston et ses environs, jusqu'à Braintree au sud. Un réseau d'**autobus** dessert Boston et ses environs; il en coûte entre 1,50$ et 5$ pour utiliser ce service.

Le MBTA exploite également une flotte de **traversiers** qui sillonnent régulièrement la baie de Boston: Long Wharf – Charlestown Navy Yard *(1,70$)*; Pemberton Point (Hull) – Quincy – Long Wharf *(6$)*; Lovejoy Wharf (North Station) – Charlestown Navy Yard *(1,70$)*; Lovejoy Wharf – Seaport World Trade Center/US Federal Courthouse *(1,70$)*; Rowes Wharf – Hingham *(6$)*.

1. Une cycliste longeant la Charles River.

2. Marcher le Freedom Trail.

Les trains de banlieue de la **MBTA Commuter Rail** *(617-222-3200 ou 800-392-6100, www.mbta.com)* assurent la liaison entre Boston et plusieurs villes avoisinantes. Pour les destinations au nord de Boston comme Lowell, Concord, Salem, Cape Ann (Gloucester et Rockport), le départ des trains s'effectue à la North Station *(T Orange Line, 135 Causeway St., angle Canal St.)*. Pour les autres destinations bordées par Worcester à l'ouest et par Providence au sud, les départs ont lieu à la South Station *(T Red Line, angle Summer St. et Atlantic Ave.)*.

À vélo

Ceux qui désirent tenter d'expérimenter Boston à vélo seront ravis de savoir qu'une mine de renseignements se trouve sur le site Internet *www.massbike.org*, une organisation visant à promouvoir l'utilisation du vélo au Massachusetts. Ce site fournit de l'excellente information sur les pistes cyclables de Boston, de même que des conseils de sécurité et des adresses de comptoirs de location de vélos. Il est possible de transporter son vélo sur le *T*, sur les lignes bleue, orange et rouge seulement, entre 10h et 16h et après 19h en semaine, et ce, dans le dernier wagon du train.

À pied

Vous avez décidé de ne pas conduire votre voiture jusqu'à Boston ? Rassurez-vous, Boston est une ville qui se marche... et qui se découvre à pied. Le Freedom Trail permet d'observer une multitude de sites historiques, tandis que les anciennes rues étroites de la métropole conviennent beaucoup mieux aux piétons qu'aux automobilistes. Où que vous soyez

2

au centre-ville, vous n'êtes jamais bien loin d'un autre point d'intérêt. Et la marche vous permet de profiter de Boston à votre rythme, sans vous soucier des coups de klaxon et subir les multiples frustrations de la conduite automobile.

Bon à savoir

Ambassades et consulats étrangers aux États-Unis

Belgique

Ambassade: 3330 Garfield Street NW, Washington, DC 20008, 202-333-6900, www.diplobel.us

Consulat: 1065 Avenue of the Americas, New York, NY 10018, 212-586-5110, www.diplomatie.be/newyorkfr

Canada

Ambassade: 501 Pennsylvania Avenue NW, Washington, DC 20001, 202-682-1740, www.canadianembassy.org

Consulat: 3 Copley Place, Suite 400, Boston, MA 02116, 617-247-5100, www.canadainternational.gc.ca/boston/

France

Ambassade: 4101 Reservoir Road NW, Washington, DC 20007, 202-944-6000, www.ambafrance-us.org

Consulat: Park Square Building, 31 St. James Ave., Suite 750, Boston MA 02116, 617-832-4400, www.consulfrance-boston.org

Suisse

Ambassade: 2900 Cathedral Avenue NW, Washington, DC 20008, 202-745-7900, www.swissemb.org

Consulat: 420 Broadway, Cambridge, MA 02138, 617-876-3076

Argent et services financiers

Monnaie

L'unité monétaire des États-Unis est le dollar américain ($US), divisé en 100 cents. Il existe des billets de banque de 1, 5, 10, 20, 50 et 100 dollars, ainsi que des pièces de 1 (*penny*), 5 (*nickel*), 10 (*dime*) et 25 (*quarter*) cents. Il y a aussi les pièces d'un demi-dollar et d'un dollar ainsi que le billet de deux dollars, mais ils sont très rarement utilisés.

Il est à noter que tous les prix mentionnés dans le présent ouvrage sont en dollars américains.

Taux de change

1$US	=	1$CA
1$US	=	0,81€
1$US	=	0,97FS
1$CA	=	1$US
1€	=	1,24$US
1FS	=	1,03$US

N.B. Les taux de change peuvent fluctuer en tout temps.

Banques

Les banques sont généralement ouvertes du lundi au vendredi, de 9h à 15h. Le meilleur moyen pour retirer de l'argent à Boston consiste à utiliser sa carte bancaire (carte de guichet automatique). Attention, votre banque vous facturera des frais fixes (par exemple 5$CA), et il vaut mieux éviter de retirer de petites sommes.

Change

La plupart des banques changent facilement les devises européenne et canadienne, mais presque toutes demandent des **frais de change**. En outre, vous pouvez vous adresser à des bureaux ou comptoirs de change qui, en général, n'exigent aucune commission. Ces bureaux ont souvent des heures d'ouverture plus longues.

En plus des comptoirs de change situés à l'aéroport de Boston, il y a plusieurs bureaux de change dans les différents quartiers.

Bars et boîtes de nuit

Certains établissements exigent des droits d'entrée, particulièrement lorsqu'il y a un spectacle. Pour les consommations, un pourboire d'environ 15% de l'addition est de rigueur (voir p. 143). Notez que l'âge à partir duquel il est permis légalement de boire de l'alcool est de 21 ans.

Climat

Comme dans la majeure partie du nord-est de l'Amérique du Nord, les saisons dans la région de Boston

Le bar Club Passim.

sont très marquées. Les températures peuvent monter au-delà de 30°C en été et descendre en deçà de −25°C en hiver (voir le tableau de la page 142). Si vous visitez le Massachusetts durant chacune des deux saisons « principales » (été et hiver), vous aurez l'impression d'avoir visité deux pays totalement différents.

Quand visiter Boston ?

Le cœur de l'été (de juillet à la fête du Travail, célébrée le premier lundi de septembre) voit affluer les vacanciers en grand nombre. Vous auriez peut-être intérêt à visiter la ville au printemps ou en automne, lorsque les prix sont moins élevés. La période de Noël et du Nouvel An est également fort affairée. Il est à retenir que vos vacances seront plus paisibles et que vous aurez moins de mal à réserver une chambre d'hôtel si vous voyagez hors saison, soit en avril ou en mai, ou encore entre la fin d'octobre et la mi-décembre.

Préparation des valises

En hiver, assurez-vous que vos valises contiennent tricot, gants, bonnet et écharpe. N'oubliez pas non plus votre manteau d'hiver le plus chaud et vos bottes.

En été, par contre, il peut faire extrêmement chaud. Munissez-vous donc alors de t-shirts, de chemises et de pantalons légers, de shorts ainsi que de lunettes de soleil. Un tricot peut toutefois être nécessaire en soirée.

Au printemps et en automne, il faut prévoir chandail, tricot et écharpe, sans oublier le parapluie.

Décalage horaire

À Boston, il est six heures plus tôt qu'en Europe et trois heures plus tard que sur la côte ouest de l'Amérique du Nord. Boston et le Québec continental partagent le même fuseau horaire.

Électricité

Partout aux États-Unis et en Amérique du Nord, la tension électrique est de 110 volts et de 60 cycles (Europe : 50 cycles); aussi, pour utiliser des appareils électriques européens, devrez-vous vous munir d'un convertisseur de courant adéquat, à moins que le chargeur de votre appareil n'indique 110-240V.

Boston Pride Festival.

Calendrier des événements

Janvier

Boston Wine Festival

Boston Harbor Hotel at Rowes Wharf, 70 Rowes Wharf, 617-330-9355 ou 866-660-9463, www.bostonwinefestival.net

Ce festival du vin qui se tient jusqu'en avril permet de découvrir des trésors cachés.

Nouvel An chinois

Chinatown

Défilés de dragons et feux d'artifice (janvier ou février).

Mars

St. Patrick's Day Parade

South Boston, www.southbostonparade.org

L'un des plus importants défilés de la St. Patrick au pays.

Avril

Boston Marathon

3e lun d'avr; 617-236-1652, www.bostonmarathon.org

Mondialement réputé, le marathon de Boston compte parmi les plus anciens et les plus prestigieux événements de course à pied de grand fond.

Mai

Faneuil Hall Street Performers Festival Extravaganza

fin mai; Faneuil Hall Marketplace, www.faneuilhallmarketplace.com

Plus d'une cinquantaine d'artistes jongleurs, mimes, magiciens, marionnettistes et musiciens offrent des prestations et proposent des activités pour toute la famille.

Juin

Cambridge River Festival

début juin; le long de la Charles River, 617-349-4380, www.cambridgeartscouncil.org

Festival d'envergure internationale ponctué de divertissements, d'expositions d'artisanat et d'activités pour toute la famille.

Boston Pride Festival

début juin; manifestations dans toute la ville, 617-262-9405, www.bostonpride.org

Conférences, concerts, spectacles, carnaval et défilé.

Juillet

Boston Harborfest

début juil; manifestations dans toute la ville, 617-227-1528, www.bostonharborfest.com

Une semaine de célébration et de plaisir qui culmine le 4 juillet, lorsque le spectacle annuel de la fête nationale, qui comporte un concert des Boston Pops et des feux d'artifice, est présenté sur l'Esplanade. Cet événement est en outre l'occasion de reconstitutions historiques et d'un festival de la chaudrée.

ArtBeat

3e semaine de juil; Davis Square, Somerville, www.somervilleartscouncil.org

Au cours de la troisième semaine de juillet, des activités artistiques se tiennent à Davis Square. Que ce soit par de la danse, des spectacles multiarts, de la musique ou du théâtre, le festival ArtBeat est une belle façon de souligner l'art sous toutes ses formes.

1. Parade du dragon.
2. Head of the Charles Regatta.

1

Août

August Moon Festival

Chinatown, 617-350-6303

Le Chinatown prend un air de fête lors des célébrations de la pleine lune de la « mi-automne ». Concerts, activités et conteurs sont au rendez-vous, sans oublier la fameuse parade du dragon.

Septembre

(ähts): The Boston Arts Festival

mi-sept, 617-635-3911, www.bostonahtsfestival.com

De la danse à l'opéra en passant par toutes les formes d'arts visuels, cet événement souligne la nouvelle saison culturelle. Expositions d'œuvres d'artistes contemporains de Boston.

Boston Film Festival

mi-sept, Stuart Street Playhouse, 200 Stuart St., 617-523-8388, www.bostonfilmfestival.org

On présente, dans le cadre de ce festival, les meilleurs films produits à Boston et dans le reste du monde. Conférences et forums de discussion.

Boston Comedy Festival

début sept, à plusieurs endroits à travers la ville, 860-712-5093, www.bostoncomedyfestival.com

Ce festival comprend des spectacles sur scène et un concours où près d'une centaine d'humoristes du monde entier rivalisent de talent.

2

Berkleee BeanTown Jazz Festival

à plusieurs endroits dans la ville, www.beantownjazz.org

Le BeanTown Jazz Festival a lieu durant la dernière fin de semaine de septembre.

Octobre

Fenway Cultural District Opening Our Doors Day

2e lun d'oct; 617-437-7544, www.fenwayculture.org

Cette journée offre la chance aux visiteurs d'accéder gratuitement aux activités culturelles du quartier telles que visites de musées, concerts, pièces de théâtre et tours guidés.

Head of the Charles Regatta

617-868-6200, www.hocr.org

Cette régate s'impose comme la plus grande compétition d'aviron de deux jours dans le monde. Elle a connu une croissance remarquable depuis ses humbles débuts en 1965 et attire aujourd'hui plus de 8 000 athlètes du monde entier prenant part à 55 courses différentes auxquelles assistent plus de 300 000 spectateurs. L'événement se tient traditionnellement au cours de la troisième fin de semaine d'octobre.

1. Oktoberfest/HONK! Parade.
2. First Night Boston.

Oktoberfest/HONK! Parade

mi-oct; Harvard Square, Cambridge, 617-491-3434

Ces deux festivals parallèles rassemblent dans la rue plusieurs activités, animations et concerts folk, ainsi que de nombreux artisans.

Novembre

Annual Christmas Festival

1ère fin de semaine de nov; Seaport World Trade Center, 200 Seaport Blvd., www.bostonchristmasfestival.com

Ce festival permet à plus de 300 artisans, issus de l'école traditionnelle ou contemporaine, d'exposer et de vendre leurs œuvres.

Annual Lighting Ceremony

fin nov; Faneuil Hall Marketplace, 617-523-1300, www.faneuilhallmarketplace.com

Cérémonie digne de l'esprit des Fêtes dans un décor tout en lumières.

Décembre

Boston Common Tree Lighting

début déc; Boston Common

Cérémonie au cours de laquelle on allume l'arbre de Noël du Boston Common.

2

Boston Tea Party Reenactment

mi-déc.; Old South Meeting House, 310 Washington St., 617-482-6439

Reconstitution historique du fameux *Boston Tea Party*.

First Night Boston

manifestations dans toute la ville, 617-542-1399, www.firstnight.org

Célébrée le dernier soir de l'année, cette fête du Nouvel An est l'occasion d'innombrables manifestations artistiques et culturelles, intérieures comme extérieures.

Holiday Pops at Boston

Symphony Hall, 301 Massachusetts Ave., 617-266-1492

Plusieurs concerts avec invités spéciaux pendant presque tout le mois de décembre, le tout dans une ambiance conviviale.

Moyennes des températures et des précipitations

	Jan	Fév	Mars	Avr	Mai	Juin	Juil	Août	Sept	Oct	Nov	Déc
Max.	2	3	7	13,4	18,3	24,4	27,3	26,6	22,2	16,1	11,1	5
Min.	−5	−3	0	5	10,2	15	18,3	18,3	13,8	8,3	3,3	−2,2
Précip. (cm)	8,5	8,5	10,9	9,4	8,8	9,3	8,7	8,5	8,7	10	10,1	9,6

Les fiches d'électricité sont plates, et vous pourrez trouver des adaptateurs sur place ou, avant de partir, vous en procurer dans une boutique d'articles de voyage ou dans une librairie de voyage.

Fumeurs

Il est interdit de fumer dans tous les lieux publics de Boston, y compris les bars et les restaurants.

Heures d'ouverture

Les commerces sont généralement ouverts du lundi au mercredi de 10h à 18h, le jeudi et le vendredi de 10h à 21h et le dimanche de 12h à 17h. Les commerces sont généralement ouverts du lundi au mercredi de 10h à 18h, le jeudi et le vendredi de 10h à 21h et le dimanche de 12h à 17h. Les supermarchés et les grandes pharmacies ferment en revanche plus tard ou restent même, dans certains cas, ouverts 24 heures sur 24, sept jours sur sept.

Jours fériés

Voici la liste des jours fériés aux États-Unis. Notez que la plupart des magasins, services administratifs et banques sont fermés pendant ces jours.

New Year's Day (jour de l'An)
1er janvier

Martin Luther King Day
troisième lundi de janvier

Presidents' Day (anniversaires de George Washington et d'Abraham Lincoln)
troisième lundi de février

Memorial Day au Boston Common.

Memorial Day (jour du Souvenir)
quatrième lundi de mai

Independence Day (fête nationale)
4 juillet

Labor Day (fête du Travail)
premier lundi de septembre

Columbus Day (jour de Christophe Colomb)
deuxième lundi d'octobre

Veterans Day (jour des Vétérans et de l'Armistice)
11 novembre

Thanksgiving Day (jour de l'Action de grâce)
quatrième jeudi de novembre

Christmas Day (Noël)
25 décembre

Poste

Les bureaux de poste sont généralement ouverts du lundi au vendredi de 8h à 17h30 (parfois jusqu'à 18h) et le samedi de 8h à midi (parfois jusqu'à 16h). Demandez à la réception de votre hôtel l'adresse du bureau de poste le plus près.

Pourboire

Le pourboire s'applique à tous les services rendus à table, c'est-à-dire dans les restaurants ou autres endroits où l'on vous sert à table (la restauration rapide n'entre donc pas dans cette catégorie). Il est aussi de rigueur dans les bars et les boîtes de nuit, ainsi que dans les taxis. Selon la qualité du service rendu, il faut compter environ 15% de pourboire sur le montant avant les taxes. Il n'est pas, comme en Europe, inclus dans l'addition, et le client doit le calculer lui-même et le remettre à la serveuse ou au serveur; service et pourboire sont une même et seule chose en Amérique du Nord. Les porteurs dans les aéroports et les chasseurs dans les hôtels reçoivent généralement 1$ par valise. Les femmes de chambre, quant à elles, s'attendent à recevoir 1$ ou 2$ par personne par jour.

Presse écrite

La ville de Boston compte de nombreux quotidiens dont les principaux demeurent *The Boston Herald* et *The Boston Globe*. *The Boston Phoenix* et le *Boston's Weekly Dig*, quant à eux, sont des hebdomadaires distribués gratuitement qui regorgent d'informations liées aux arts et spectacles et au tourisme. Le journal *Metro* est offert du lundi au vendredi aux usagers dans les stations du *T*.

Le magazine populaire *Panorama* et le plus élitiste *Boston Magazine* dressent des portraits essentiellement touristiques et culturels de la ville.

Pour en savoir davantage sur la vie gay culturelle à Boston, procurez-vous l'hebdomadaire *Bay Windows*.

Renseignements touristiques

Greater Boston Convention & Visitors Bureau: 2 Copley Place, Suite 105, Boston, MA 02116-6501, 888-733-2678, www.bostonusa.com

Boston Common Visitor Information Center: 148 Tremont St., Boston, MA 02116, 888-733-2678

Cambridge Office for Tourism: 4 Brattle St., Cambridge, MA 02138, 617-441-2884 ou 800-862-5678, www.cambridge-usa.org

Harvard Information Center: Holyoke Center, 1350 Massachusetts Ave., Cambridge, MA 02138, 617-495-1573, www.harvard.edu/visitors

Restaurants

Boston est parsemée de restaurants de toute sorte, qui vont des établissements ethniques, par exemple indiens, thaïlandais ou turcs, aux salles à manger servant la cuisine traditionnelle de la Nouvelle-Angleterre, qui regorge, vous l'aurez deviné, de poissons et de fruits de mer.

Les Américains parlent du *breakfast* (petit déjeuner) pour désigner le repas du matin, du *lunch* (déjeuner) pour le repas de midi et du *dinner* (dîner) pour le repas du soir. Le *brunch*, qui combine *breakfast* et *lunch*, est généralement servi les samedi et dimanche entre 10h et 14h.

Dans le chapitre «Explorer Boston», vous trouverez la description de plusieurs établissements pour chaque quartier. Sachez qu'il est essentiel, pour aller manger dans les meilleurs restaurants bostonniens, de réserver sa table en téléphonant plusieurs heures, jours, voire semaines à l'avance.

Le restaurant Clio.

L'échelle utilisée dans ce guide donne des indications de prix pour un repas complet pour une personne, avant les boissons, les taxes (voir p. 147) et le pourboire (voir p. 143).

$	moins de 15$
$$	de 15$ à 25$
$$$	de 26$ à 35$
$$$$	de 36$ à 45$
$$$$$	plus de 45$

Parmi les restaurants proposés dans ce guide, certains se distinguent encore plus que les autres. Nous leur avons donc attribué le label Ulysse. Repérez-les en premier !

Santé

Pour les personnes en provenance d'Europe, du Québec et d'ailleurs au Canada, aucun vaccin n'est nécessaire pour entrer aux États-Unis.

D'autre part, il est vivement recommandé, en raison du prix élevé des soins, de souscrire une bonne assurance maladie-accident. Emportez vos médicaments, surtout ceux qui exigent une ordonnance. Sauf indication contraire, l'eau est potable partout en Nouvelle-Angleterre.

Sécurité

En général, en appliquant les règles de sécurité normales, vous ne devriez pas être incommodé plus en pays étranger que chez vous. Cependant, évitez toute ostentation et soyez plus vigilant dans les lieux qui ne vous sont pas familiers. Gardez toujours des petites coupures dans vos poches et, au moment d'effectuer un achat, évitez de montrer trop d'argent.

Gillette Stadium.

Il est conseillé d'éviter de fréquenter seul les couloirs du métro de Boston très tard le soir. De la même manière, vous devriez abandonner l'idée d'une promenade nocturne dans l'un des grands parcs de la ville, à moins qu'il ne s'y tienne un événement quelconque qui attire une foule importante.

Sport professionnel

Baseball

Red Sox
Fenway Park, 4 Yawkey Way, 617-226-6666, http://boston.redsox.mlb.com

Les Red Sox jouent dans l'un des plus anciens stades des ligues majeures de baseball.

Basketball et hockey

Celtics/Bruins
TD Garden, 150 Causeway St., 617-624-1050, www.tdgarden.com

Les amateurs de basketball se rendent au TD Garden pour assister au matchs des **Celtics** *(www.nba.com/celtics)* de la National Basketball Association (NBA). Il est également possible d'y voir jouer les **Bruins** *(www.bruins.nhl.com)* de la Ligue nationale de hockey.

Football américain

New England Patriots
Gillette Stadium, One Patriot Place, Foxborough, 508-543-1776, www.gillettestadium.com

Les légendaires **New England Patriots** *(www.patriots.com)*, de la conférence américaine de la National Footbal League (NFL), ont remporté trois Super Bowls en quatre ans entre 2001 et 2005.

Taxes

N'oubliez pas que la taxe de vente au Massachusetts est de 6,25%, et qu'elle ne s'applique pas aux produits d'épicerie, ni aux vêtements vendus moins de 175$.

Télécommunications

Malgré la prédominance des téléphones cellulaires, on trouve encore aisément des cabines téléphoniques fonctionnant à l'aide de pièces de monnaie (0,50$) ou de cartes d'appel.

L'indicatif régional de Boston est le **617**. Tout au long du présent ouvrage, vous apercevrez aussi des numéros de téléphone dont le préfixe est *800*, *866*, *877* ou *888*. Il s'agit alors de numéros sans frais, en général accessibles depuis tous les coins de l'Amérique du Nord.

Sachez que le numéro complet de 10 chiffres doit être composé dans tous les cas, même pour les appels locaux à l'intérieur de la grande région bostonienne.

Pour joindre le **Québec** depuis Boston, vous devez composer le *1*, l'indicatif régional de votre correspondant et finalement son numéro. Pour atteindre la **Belgique**, faites le *011-32* puis l'indicatif régional et le numéro de votre correspondant. Pour appeler en **France**, faites le *011-33* puis le numéro à 10 chiffres de votre correspondant en omettant le premier zéro. Pour joindre la **Suisse**, faites le *011-41* puis l'indicatif régional et le numéro de votre correspondant.

Visites guidées

Une belle façon de visiter les différents quartiers de Boston est de le faire à vélo. **Urban Adventours** *(35$ à 50$ selon la visite guidée, location de vélo inclue; 103 Atlantic Ave., 800-979-3370, www.urbanadventours.com)* propose plusieurs visites guidées à vélo qui durent de 1h30 à 4h.

Au cours de votre séjour à Boston, vous verrez plusieurs gros bateaux sur roues qui sillonnent les rues de la ville. Il s'agit des véhicules amphibies de l'entreprise **Boston Duck Tours** *(617-267-3825, www.bostonducktours.com)*, qui offre des visites de la ville sur l'eau et sur la terre ferme. Les départs se font au Prudential Center ou au Museum of Science pour la version longue *(33$/80 min; mi-mars à fin nov tlj 9h au coucher du soleil)* et au New England Aquarium pour la version abrégée *(29$/1h; juin à août tlj 15h à 20h30, avr sam-dim 15h à 20h30, mai, sept et oct ven-dim 15h à 20h30)*. Même ceux qui n'apprécient généralement pas les tours guidés en reviennent enchantés.

Applications mobiles pour les voyageurs

De plus en plus de logiciels d'application téléchargeables pour téléphones intelligents et tablettes électroniques sont proposés aux voyageurs, qui découvrent ainsi de nouveaux outils pour, par exemple, les aider à s'orienter dans une ville, identifier les restaurants et les bars dans les environs ou obtenir les dernières infos sur la météo locale. Si plusieurs de ces applications constituent des gadgets d'une utilité discutable, certaines peuvent rendre de bons services aux voyageurs.

Vous trouverez ci-dessous quelques types d'applications qui pourraient vous être utiles pendant votre séjour à Boston. Certaines sont offertes gratuitement, entre autres celle que propose l'office de tourisme de Boston (*www.bostonusa.com/visit/bostoneveryday/be/about-boston/iphone-app*), alors que les autres sont généralement vendues à des prix variant de 0,99$ à 6,99$. Notez que la plupart de ces applications sont offertes seulement en version anglaise.

Free Boston: pour connaître les attractions touristiques dont l'entrée est gratuite.

Boston Guide Map: pour voir des plans des quartiers de Boston.

To the *T*: pour repérer l'arrêt du *T* le plus près d'où vous êtes.

MassTransit: l'application du système de métro et d'autobus de Boston.

OpenTable: pour faire des réservations dans les restaurants.

AroundMe: pour savoir ce qui se trouve dans les environs où vous vous trouvez (pharmacies, restaurants, banques, stations d'essence, etc.).

Croisière sur la Charles River.

Une autre façon de découvrir Boston et ses quartiers est de le faire par sa gastronomie. **Boston Food Tours** *(50$, dégustations comprises; mer et sam à 10h et 14h, ven à 10h et 15h; 800-979-3370, www.bostonfoodtours.com)* organise des visites guidées de 3h dans le North End ou le Chinatown. On pourra donc, dans le premier cas, dénicher les trésors cachés du quartier italien et, dans le deuxième cas, découvrir ce que l'Asie a de mieux à offrir à Boston. Une expérience pour les *foodies* !

Finalement, les **Boston Harbor Cruises** *(1 Long Wharf, 617-227-4321 ou 877-733-9425, www.bostonharborcruises.com)* proposent aux visiteurs plusieurs croisières pour leur faire découvrir le port de Boston et ses environs. Une belle façon de voir Boston sous un autre angle.

Voyageurs à mobilité réduite

La ville de Boston s'efforce, comme la plupart des villes américaines d'importance, de rendre plus accessibles ses infrastructures touristiques aux voyageurs à mobilité réduite. Les organismes suivants sont en mesure de fournir des renseignements utiles aux personnes handicapées, à Boston et ailleurs en Nouvelle-Angleterre.

New England Information on Disabilities Exchange (INDEX): 781-642-0248 ou 800-764-0200, www.disabilityinfo.org

Boston Center for Independent Living: 60 Temple Place, 5th Floor, Boston, MA 02111-1324, 617-338-6665 ou 866-338-8085, www.bostoncil.org

index

C

D

E

F

lexique
français-anglais

Bonjour *Hello*
Bonsoir *Good evening/night*
Bonjour, au revoir *Goodbye*
Comment ça va? *How are you?*
Ça va bien *I'm fine*
Oui *Yes*
Non *No*
Peut-être *Maybe*
S'il vous plaît *Please*
Merci *Thank you*
De rien, bienvenue *You're welcome*
Excusez-moi *Excuse me*
J'ai besoin de... *I need...*
Je voudrais... *I would like...*
C'est combien? *How much is this?*
L'addition, s'il vous plaît *The bill please*

Directions

Où est le/la ...? *Where is...?*
Il n'y a pas de... *There is no...,*
Nous n'avons pas de... *We have no...*
à côté de *beside*
à l'extérieur *outside*
à l'intérieur *into, inside, in, into, inside*
derrière *behind*
devant *in front of*
entre *between*
ici *here*
là, là-bas *there, over there*
loin de *far from*
près de *near*
sur la droite *to the right*
sur la gauche *to the left*
tout droit *straight ahead*

Le temps

après-midi *afternoon*
aujourd'hui *today*
demain *tomorrow*
heure *hour*
hier *yesterday*
jamais *never*
jour *day*
maintenant *now*
matin *morning*
minute *minute*
mois *month*
janvier *January*
février *February*
mars *March*
avril *April*
mai *May*
juin *June*
juillet *July*
août *August*
septembre *September*
octobre *October*
novembre *November*
décembre *December*
nuit *night*
Quand? *When?*
Quelle heure est-il? *What time is it?*
semaine *week*
dimanche *Sunday*
lundi *Monday*
mardi *Tuesday*
mercredi *Wednesday*
jeudi *Thursday*
vendredi *Friday*
samedi *Saturday*
soir *evening*